La joya en el loto

Lo masculino dentro de lo femenino

La iluminación manifiestada

Om Mane Padme Hum

Ipsalu Tantra International

www.ipsalutantra.org

CONTÁCTANOS:

info@ipsalutantra.org
(805) 534-1368

La joya en el loto

EL CAMINO TÁNTRICO HACIA
UNA CONSCIENCIA SUPERIOR

Un curso completo y sistemático de *Tantra Kriya Yoga*

Sunyata Saraswati
y Bodhi Avinasha

Título del original inglés: *Jewel in the Lotus*
Ilustrado por: Ty Keller
Diagramado por: Sharon A. Dunn
Imagen de la portada: Detha 1995©
Traducción: Carolina Jaramillo Ágredo
Revisión y localización: Germán Eduardo Páez Chaustre

AVISO LEGAL

El *Tantra Kriya Yoga* comprende un sistema de prácticas que promueve la salud y el bienestar. Quien siga estas sugerencias acerca de la alimentación, el ejercicio, la actividad sexual, etcétera, debe hacerlo con precaución y sentido común. Este curso no está pensado para sustituir el concepto médico competente. Cualquier persona que sufra de alguna enfermedad venérea o afección local de sus órganos sexuales debe consultar con su médico antes de poner en práctica los métodos que aquí se señalan.

Introducción a la tercera edición

Cuando se publicó La joya en el loto en 1987, el *Tantra* apenas estaba empezando a aparecer en el hemisferio occidental. En ese entonces, enseñar era como sembrar semillas.

En los años siguientes, muchas de las ideas, términos y técnicas que hasta entonces eran desconocidas comenzaron a hacer parte de la cultura dominante. Han aparecido libros, cursos y profesores de *Tantra*. Muchos de ellos se han enfocado principalmente en el aspecto sexual, que es tan solo una pequeña parte de la travesía del *Tantra*. Permanentemente invito a las personas a que esperen del *Tantra* mucho más que eso.

Actualmente hay ediciones de *La joya en el loto* publicadas en más de diez idiomas. En el año 2010 salieron al mundo más de 50.000 libros y los reportes indican que innumerables vidas han sido tocadas profundamente por sus enseñanzas. Estoy muy agradecida al ver que este proceso continúa.

Sunyata Saraswati se retiró del *Tantra*, pero este trabajo ha tomado vida propia, evolucionando para satisfacer de la mejor manera las necesidades y exigencias de la gente de este tiempo.

El *Tantra Kriya Yoga* continúa siendo la base de este trabajo, pero en él se está prestando más atención a las emociones reprimidas y a las creencias limitantes. Está más centrado en el corazón que en el conocimiento. La nueva sistematización de este trabajo ha sido llamada *Ipsalu – Tantra Kriya Yoga*.

Ipsalu Tantra International, una organización sin ánimo de lucro, ha nacido para apoyar este trabajo y crear una comunidad global entre aquellos que se sienten atraídos por este camino. Al contar con la contribución de tiempo, talento y dedicación de muchas almas bellas, la comunidad continúa creciendo. En varias ciudades las personas se reúnen de forma regular para practicar y celebrar juntos. Dos veces al año hay reuniones más grandes en un festival y también tenemos organizaciones hermanas en muchos países.

Se han ofrecido cursos con resultados transformadores en todo el país. Varias personas han ingresado a los entrenamientos para maestros y así se está ampliando la posibilidad de llevarlos a muchos lugares.

Durante los últimos veinticinco años, este trabajo ha sido mi vida. Ciertamente enseñamos lo que necesitamos aprender. Todas las enseñanzas que contiene y aquellos que vinieron a aprender han sido mis maestros. Estoy muy agradecida por las lecciones recibidas, las cuales han contribuido a mi propio crecimiento.

Siento que en los próximos años este trabajo se va a diseminar rápidamente y que va a tomar su lugar entre las corrientes espirituales más influyentes de nuestro tiempo. Los invito a explorar el camino del *Tantra*.

- Bodhi Avinasha

Testimonios

"*La joya en el loto* es sin duda alguna el mejor libro que se ha escrito en ciencias ocultas y está destinado a ser un clásico".
- *Dr. S. Joshi, Fl.*

"¡Qué libro tan magnífico! ¡He estado buscando esto durante años!".
- *Louise Martínez, Fl.*

"Me complace mucho descubrir su libro *La joya en el loto*. Siento que está embebido de un espíritu sincero y amoroso, ¡es bellísimo!".
- *Peter Breckhof, Países Bajos.*

"Estoy sorprendido por la cantidad de información y prácticas reales que están claramente explicadas en este libro. Este es uno de los mejores libros de técnicas *tántricas* que he leído".
- *Jerry Wang, NJ.*

"He estudiado *Tantra* durante veinticinco años y he enseñado durante varios años. Su libro, *La joya en el loto*, es uno de los más útiles que he visto en *Tantra*. Lo admiro y lo recomiendo mucho".
- *Erin Star, HI.*

"Esta carta es para decirle cuánto he disfrutado su libro, *La joya en el loto,* pues ha enriquecido enormemente mi vida".
- *J. Nemcik, CA.*

"Me siento muy afortunado al haber descubierto su libro. Casi desde el principio experimenté un esclarecimiento de mi propia visión y mis creencias a través de sus páginas".
- *Greg St. John, NY.*

"Este es, verdaderamente, un libro maravillosamente escrito".
  - *Crisstofa Csyaionie, AZ.*

"He encontrado que *La joya en el loto* es una referencia valiosa en mi estudio del *Tantra*. Gracias".
  - *Dennis Allison, CA.*

"Me considero afortunada por su apoyo en mi evolución espiritual y quiero expresar mi gratitud. Todavía me sorprende lo poderosas que son estas herramientas espirituales y es grandioso tener la oportunidad de explorarlas. La vida es totalmente diferente para mí. *La joya en el loto* es muy útil".
  - *María Hugel, Alemania.*

"Estás compartiendo las técnicas más poderosas para alcanzar una consciencia superior. Me alegró saber que *La joya en el loto* es muy popular y está disponible en varios países. En todas partes hay un anhelo tremendo de un camino que realmente funcione".
  - *Mark Hammond, MA.*

"Este conocimiento y experiencia que has puesto en forma de libro es simplemente hermoso. Gracias por compartir".
  - *Arpanta Salaka, ID.*

"Un texto clásico… altamente recomendado".
  - *Tantra Magazine.*

Prefacio

No es frecuente que un trabajo de estatura consumada, que ha sido escrito con tal sensibilidad y apertura a la verdad, satisfaga nuestra creciente necesidad de respuestas y preparación para el camino espiritual. *La joya en el loto* es, claramente, esta contribución excepcional a la tradición del *Tantra Yoga* para todos los estudiantes, ya sean principiantes o avanzados.

He encontrado en él una exploración abundante, que ha acelerado mi progreso espiritual a las alturas prometidas en todas las grandes enseñanzas espirituales.

Estoy seguro de que los lectores darán fe de las bendiciones de por vida que este estudio, con toda certeza, revelará para ellos.

- *Timothy Vanech*

¿Cómo usar este libro?

Nos complace reconocerte como alguien que hace parte de ese pequeño grupo de buscadores espirituales que se sienten atraídos por el camino *tántrico*. Sunyata posee un gran bagaje de conocimientos para compartir contigo, los cuales han sido recopilados a lo largo de muchos años en los más remotos lugares de la Tierra. Es la primera vez que estas enseñanzas secretas están disponibles, independientemente de los sistemas de creencias filosóficos y religiosos.

Las técnicas que se presentan aquí son algunas de las más poderosas herramientas jamás dadas a la humanidad para ayudar en su crecimiento; cualquiera de ellas, si se domina totalmente, sería suficiente para transformar completamente tu consciencia. Muchos de los principales movimientos religiosos han surgido a partir de la utilización de una o dos de estas técnicas como parte de sus fundamentos. Algunas veces se requiere una considerable inversión financiera y de la lealtad a un gurú o a una tradición, antes de que estos secretos celosamente guardados te sean revelados. Las técnicas que vas a recibir producen resultados poderosos sin adorar a un *gurú*, lo cual prueba que puedes acceder a tu *gurú* interno y ser el maestro de tu propio destino.

Del vasto cuerpo de conocimientos que conforman el *Tantra Kriya Yoga*, hemos sintetizado doce lecciones que facilitan el desarrollo sistemático de tu comprensión y experiencia. Cada lección consta de cuatro partes:

- Una discusión acerca de los principios esotéricos.
- Técnicas de yoga para que tengas una experiencia directa de estos principios.
- Prácticas sexuales que aplican estos principios.
- Sugerencias acerca de las diferentes maneras de llevar estos principios a la vida diaria, de modo que cada momento se convierta en parte de tu práctica espiritual.

Este curso está muy condensado. Si cada lección se desarrollara en su totalidad, llenaría varios libros. Asumimos que ya has leído dichos libros y que aún no tienes claridad acerca de cómo incorporar estos conocimientos a tu vida diaria.

Este es un curso avanzado, por lo cual suponemos que ya has probado la meditación, has estado en un camino espiritual y has tenido alguna experiencia con las energías etéricas. Si no es así, este curso probablemente va a tener poco sentido para ti. Comienza la práctica y tómate tu tiempo.

Este no es un libro sobre terapia sexual. La mayor parte de la investigación sobre sexo que se ha adelantado en este país se ocupa de la disfunción. En ella se presta muy poca atención a aquellos que funcionan "normalmente", pero todavía sienten que algo hace falta. Este curso te enseñará sobre sexo trascendente, la más profunda expresión de tu sexualidad.

Explora todo el curso para hacerte una idea general, luego regresa y concéntrate en una lección a la vez. Quédate en cada lección el tiempo que sea necesario hasta que sientas que la dominas. Establece tu propio ritmo.

Es importante que establezcas un horario regular para tu práctica. Regálate media hora diaria para conectar con tu fuente y sintonizar tu cuerpo y mente con tu sabiduría superior. Los beneficios superarán tus expectativas. Sé consecuente con la práctica durante el tiempo suficiente para que puedas experimentarla por ti mismo.

Advertencia: estas prácticas se mantuvieron en secreto a través de los tiempos porque la mayoría de las personas no estaba preparada para la Consciencia de Unidad, especialmente en nuestra cultura occidental, en la que la mayoría de las personas están muy fragmentadas.

La práctica del *Tantra* amplificará cualquier perturbación (trastorno) que esté presente en tu subconsciente hasta que sea llevada a la consciencia y se resuelva. Esta es la razón por la cual la tradición no ha sido escrita. Es mejor si tienes a alguien cerca para guiarte a través de las partes difíciles, cuando el material reprimido comience a salir a la superficie; alguien que haya estado en procesos psicológicos y entienda lo que está sucediendo. Si llega a ser muy intenso, tal vez quieras buscar un terapeuta sensible. En el pasado había un *gurú* para salvaguardar al discípulo, pero tú vas a estar solo. Ponte en contacto con *Ipsalu Tantra International* si necesitas ayuda.

Ante todo, <u>no trates de evadir el material reprimido que salga a la superficie.</u> Estas técnicas son algunas de las más potentes jamás concebidas para remover el subconsciente y forzar a las memorias borradas a ir hacia la consciencia. Si te niegas a gestionar este material, podría generarte un intenso conflicto psicológico, que incluso podría desencadenar un brote psicótico. Aplicamos <u>técnicas muy potentes</u> para activar <u>energías igualmente poderosas</u> que deben ser tratadas con mucho respeto.

Únete a la comunidad. En todas partes del mundo hay personas que resuenan con este trabajo, una familia espiritual en la que unos y otros se nutren y estimulan para recorrer el camino. Aprovecha la orientación que está disponible por parte de las personas que han abierto estas fronteras y que han comprendido los enormes beneficios de esta práctica, mucho más allá de cualquier cosa que ellos hubieran esperado. Debes saber que no estás solo en esta travesía.

Iníciate en la Respiración Cobra. Esta técnica, guardada en secreto por mucho tiempo, es la clave para el dominio de tus energías sexuales. Ha llegado el momento en el que este conocimiento debe salir de las escuelas de misterios ocultos y estar disponible para quien quiera escucharlo. El tiempo de la cautela ha terminado. Los maestros nos han dicho en repetidas ocasiones que, a menos que la humanidad dé un enorme salto de consciencia, en el futuro cercano, la vida en este planeta estará en peligro. Toma el conocimiento y úsalo. Conviértete en un faro en la oscuridad.

Contenido

LECCIÓN 1.

La iluminación es ser consciente de las cosas como son en realidad. El *yoga* es la ciencia de hacerse consciente. *Kriya* es un sistema de meditación que acelera el crecimiento de tu consciencia. *Tantra* es el camino sexual que hace uso de la energía orgásmica para potenciar tu crecimiento. Hay dos caminos espirituales: el camino de la voluntad y el camino de la entrega.

LECCIÓN 2.

Respirar profunda y conscientemente es la clave para el crecimiento espiritual, el desarrollo psíquico, el rejuvenecimiento del cuerpo y la transcendencia sexual. La respiración es el puente entre la mente consciente y el subconsciente. Aprende a cruzar ese puente, familiarízate con la energía etérica y sus diferentes niveles de sutileza.

LECCIÓN 3.

Un sistema dinámico de ejercicios para aquellos que quieren obtener los resultados del *Hatha Yoga*, pero que no disponen de tiempo o flexibilidad. Combinando los estiramientos, los isométricos y la meditación mediante la respiración se logra un programa adecuado para nuestra situación actual.

La iluminación a través del
Tantra-Kriya Yoga

El *yoga* es la ciencia de la expansión de la consciencia. La perspectiva oriental de la naturaleza de la humanidad es muy diferente a la occidental, pues en Oriente ven la esencia humana en unidad con Dios y con el universo. Ellos comprenden que a la larga podemos acceder a esa Inteligencia Universal o Consciencia que fundamenta la vida en este universo.

El problema básico es, simplemente, que hemos olvidado nuestra verdadera naturaleza. Nos hemos enredado en el drama de ser un individuo, haciendo grandes esfuerzos por obtener el reconocimiento individual, el logro y la satisfacción. Nos sentimos separados, alienados y en desacuerdo con el mundo solo porque hemos perdido de vista nuestra verdad esencial. La iluminación es simplemente elevarnos por encima de este autoconcepto limitado, volviendo a esa unidad básica que siempre ha sido y darnos cuenta así de la luz que reside en nuestro interior.

Por lo tanto, el problema no es aprender o lograr lo suficiente para salir de nuestro estado actual de insuficiencia, como la mente occidental ha sido condicionada a creer. Es simplemente un problema de percibir la verdad tal como es, sin distorsión. En estados superiores de consciencia somos más conscientes del universo y de nuestro lugar en él.

La solución es de percepción. Nuestra habilidad para percibir depende de la sensibilidad de nuestro sistema nervioso. Durante miles de años, los yoguis han experimentado con técnicas para manipular el sistema nervioso y ampliar su rango funcional, permitiendo así, que la consciencia se expanda. El *yoga* es la ciencia que ha crecido a partir de estos experimentos.

La iluminación es el regreso a la fuente que te creó y te lleva a ser consciente del origen de tu energía y a ser uno con ella. La energía de la vida en este planeta proviene de alguna parte del centro de la Vía Láctea. Las técnicas de *yoga* que se presentan en este curso te permitirán experimentar esto por ti mismo. Como si hubieras encendido un televisor a color en el ojo de tu mente, podrás ver en las profundas cavidades de tu cerebro la inmensa Vía Láctea. Una vez hayas contactado esta energía y regresado de ese estado de expansión, nunca volverás a ser la misma persona.

El *yoga tántrico* es el camino sexual, un vasto y antiguo sistema de rituales y técnicas prácticas que utilizan la gran energía creativa de la pasión sexual para impulsarte hacia una consciencia superior. Los ritos y rituales son muy poderosos.

La palabra "*Tantra*" proviene del sánscrito "*tanoti*" —expandir— y "*trayati*"—liberación—. Para expandir la consciencia y liberarnos del nivel físico de nuestro ser utilizamos los cinco sentidos hasta su límite, para luego ir más allá. El *Tantra* te enseña a explorar todos los aspectos de tu consciencia. Primero abres la consciencia del cerebro despertando innumerables neuronas dormidas, lo cual expande los cinco sentidos y luego transforma todos los demás aspectos de tu cuerpo/mente.

Muchas escuelas modernas de *yoga* enseñan, de forma indebida, que debemos sublimar nuestros sentidos en la búsqueda de la verdad trascendente. Ellos desaprueban la sexualidad, argumentando que distrae a los buscadores de la meta del *samadhi* o la iluminación. Entonces tratan de someter y reprimir el deseo sexual haciendo del celibato un ideal. Muchas escuelas de *yoga* enseñan que retirarse de la vida y la renuncia ascética son el único medio para llegar a la Verdad, pero esto es así solamente porque no comprenden la energía sexual y no saben cómo utilizarla para obtener lo que buscan.

La verdad es que la energía espiritual y la sexual son dos caras de la misma moneda: la energía espiritual que fluye hacia arriba se "transforma" en energía sexual cuando se dirige hacia abajo. El *Tantra* reconoce que una persona del común no se inclina hacia la renuncia. En lugar de subyugar la energía, el *Tantra* la redirige y la utiliza a nuestro favor. De esta manera su poder se convierte en una bendición y el celibato se torna irrelevante, es un asunto de elección personal.

Muchas escuelas espirituales y nuestra cultura occidental en general tienen profundamente arraigada la convicción de que la sexualidad es algo malo y degradado. Enseñan que debes escoger entre "Dios y la carne", pero olvidan que Dios está en la carne y que, de hecho, puede ser encontrado allí para lograr la máxima realización. Sentirás alivio al descubrir que no tienes que elegir, que Dios es placer sexual, usado correctamente. Ahora los secretos del *Tantra*, los cuales fueron confinados a la clandestinidad durante cientos de años por parte de las religiones, de los "moralistas" y similares, están saliendo a la superficie como un medio alegre y vital para alcanzar la iluminación.

Transcendencia a través del sexo. El *Tantra* no es una licencia para el desenfreno sexual, ya que la práctica requiere una gran disciplina. Los sistemas del *yoga tántrico* utilizan la más poderosa energía que conocemos, la energía sexual, para penetrar en los reinos espirituales. Los maestros del *Tantra* descubrieron que la unión sexual prolongada produce una súper sensibilidad a las energías dentro y alrededor de los amantes. En lugar de apartarse de las "ilusiones" de la existencia física, los *yoguis tántricos* entran totalmente en esa dimensión. Dominando su consciencia en ese nivel, ellos pueden expandir su consciencia hacia el siguiente y seguir el camino del éxtasis hacia los niveles más altos de perfección humana.

Regresar al Vientre Cósmico es la última iniciación. Un hombre nace con una erección y va a morir con una erección. En el momento en que surge, esa misma energía sexual puede transformarlo. Los métodos tántricos son naturales, alegres y afirmadores de la vida. Cada acto entra a ser parte de tu práctica espiritual. El *Tantra* es sexualidad en un contexto espiritual.

Se requiere de gran coraje y dedicación para alcanzar una visión *tántrica* de la sexualidad. Nuestra cultura está muy confundida con respecto a esto. De una parte, hay presiones culturales para inhibir la expresión de la sexualidad, pero nunca podrás liberarte del sexo si lo reprimes, pues tratar de evadirlo crea una obsesión. La energía sexual que no se expresa se convierte en neurosis y violencia. Estamos esclavizados por nuestra sexualidad y no nos permitimos disfrutarla, así que el hambre nunca se sacia.

De otra parte, en cada revista o película, en la televisión, etc., el sexo es arrojado en tu cara. En nuestra cultura, los medios presentan la sexualidad burda de manera desenfrenada, pero pocos apoyan la idea de la sexualidad como una expresión sagrada de amor.

¡El amor es la esencia misma del ser humano y a pesar de todo, qué poco se manifiesta! La civilización ha prohibido históricamente la expresión del amor condenando la sexualidad. El mundo contemporáneo ignora el amor mientras explota la sexualidad. El *Tantra* rompe el molde y desafía el precepto moral porque el sexo es un medio a través del cual llegamos a conocer el amor. EL AMOR ES ENERGÍA SEXUAL TRANSFORMADA. Tú puedes conocer la verdad elemental del amor experimentando la divinidad del sexo y aprendiendo a honrarlo y adorarlo a través de los sentidos, a través de la carne. Entre más aceptación tengas frente al sexo, más libre serás de él. La aceptación total y la entrega a las energías naturales conduce a las experiencias más sublimes.

Historia del *Tantra*. El *Tantra* ha existido siempre, desde que el ser humano se ha preguntado por el misterio de su existencia y se ha maravillado con el poder primigenio de su naturaleza sexual. En todas las culturas se encuentran símbolos de la herencia *tántrica*: en las pinturas rupestres de la edad de piedra, en las antiguas tallas sumerias, en los textos mágicos del antiguo Egipto, en los escritos místicos hebreos y griegos, y en las canciones árabes de amor. La alquimia de la Europa medieval disfrazó sus principios tántricos con poesía alegórica romántica, el paganismo se basó en la celebración de la energía sexual creativa, y en muchas culturas las representaciones de los genitales masculinos y femeninos (*lingam* y *yoni*, en sánscrito), son ampliamente exhibidos y venerados por el poder creativo que representan.

Por desgracia, es cierto que el poder puede corromper y que los poderosos principios del *Tantra* han sido utilizados por las manos equivocadas junto con la brujería, la superstición, las orgías, el beber sangre, el sadomasoquismo, la magia negra, los sacrificios humanos y el contacto con espíritus malignos a través de cuerpos en descomposición en los cementerios. Pero cualquier herramienta poderosa puede ser mal utilizada, y no por esto debemos destruir todas las herramientas.

Las prácticas *tántricas* también han inspirado lo mejor de la poesía y el arte en India, Arabia y China. Los templos en India están cubiertos con tallas de deidades en todas las posiciones posibles de unión sexual (lo cual es una gran vergüenza para la reprimida cultura india de la actualidad).

Parece ser que en algún momento el *Tantra* fue una práctica espiritual en todo el mundo, un punto común entre las civilizaciones. En India, los hindúes desarrollaron un sistema para balancear las energías femeninas y masculinas que influenció fuertemente a los taoístas en China, a los budistas en el Tíbet y a todas las demás religiones orientales.

Las enseñanzas *tántricas* fueron muy bien guardadas y transmitidas oralmente de maestro a discípulo solo después de haber pasado por un largo período de preparación y purificación. Aunque finalmente la tradición fue escrita en el siglo III, su significado se ocultó en alegorías y símbolos de modo que solo los iniciados pudieran entenderla. Los secretos eran custodiados para protegerlos del mal uso y para darle a la realeza y al sacerdocio una tremenda ventaja de poder sobre las masas.

Los siglos XI y XII fueron los años dorados del *Tantra*, cuando era practicado amplia y abiertamente en la India, pero la invasión musulmana en el siglo XIII trajo consigo la masacre de todos los *tantrikas* y la destrucción total de sus manuscritos. El movimiento fue forzado a pasar a la clandestinidad, donde ha permanecido desde entonces. Fue preservado en monasterios remotos, principalmente ubicados en el Tíbet, pero la reciente invasión comunista repitió la masacre e intentó acabar una vez más con la práctica del *Tantra*. Los *tantrikas* son una amenaza para quienes ostentan el poder, pues aquel que ha se ha dado cuenta de su verdadera naturaleza no puede ser subyugado a la voluntad de una estructura de poder político o religioso.

Según el calendario *Yogui*, estamos ahora en la etapa final de una era degradada (*Kali Yuga*, la era del fuego y la destrucción), un tiempo en que el *Tantra* no estaría disponible para el mundo. Se había profetizado que este reaparecería en la era del *Kali Yuga* para unificar las energías femenina y masculina. Redescubrir nuestro propio poder femenino interno puede ser la única esperanza que tiene este planeta para salvarse a sí mismo de su tecnología suicida.

El *Kriya Yoga* **es un sistema de técnicas** para mover conscientemente la energía a través del cuerpo. No hay un sistema de creencias, solamente un camino de acción que produce resultados poderosos, inmediatos, predecibles, repetibles y objetivamente verificables. Las técnicas trabajan en todos los niveles de la vida de una persona: fortaleciendo el cuerpo, calmando las emociones y mejorando los procesos de pensamiento, dando lugar a un equilibrio que puede abrir la puerta a la consciencia espiritual. Las técnicas del *Kriya* son científicas y prácticas; es un "*yoga* de la acción". En esta sociedad de ritmo rápido tenemos muy poco tiempo para meditar. El *Kriya Yoga* te ayuda a optimizar las energías que se encuentran a tu disposición para que puedas seguir adelante con la empresa de estar vivo.

El *Kriya Yoga* es uno de los sistemas más antiguos de este planeta, pero ha sido revelado solamente a un grupo selecto de iniciados de las órdenes místicas. Las antiguas civilizaciones de India, Egipto, la Atlántida y, en efecto, todas las culturas desarrolladas practicaban alguna forma de *Kriya*. Los indígenas norteamericanos tenían parte de él, al igual que San Pablo y Jesús. Este se perdió por un tiempo durante la Edad Oscura.

¿Cómo funcionan las técnicas tántricas? *Kriya* es la antigua ciencia tántrica de la rotación de la consciencia a través de los caminos astrales del cuerpo para producir un profundo estado alterado de consciencia. El *Kriya* se vale de un proceso de "alquimia interna" para magnetizar la columna vertebral, literalmente halando energía etérica hacia el líquido cefalorraquídeo, alterando sus propiedades eléctricas. Este es el secreto de la regeneración a través del "fuego cósmico".

Las técnicas de respiración y meditación limpian y desbloquean los túneles secretos (latentes) entre el coxis (la reserva sacra de líquido cefalorraquídeo) y las cavidades craneales; entonces, el fluido cargado eléctricamente (también conocido como *Shakti*, fuego cósmico o *Kundalini*) brota sin obstáculos en los canales e inunda el cerebro con energía cósmica. Esta *Kundalini Shakti* activa el Tercer Ojo, el asiento de la consciencia individual y estimula las glándulas pineal y pituitaria (conexiones directas con la consciencia cósmica), lo cual trasforma completamente el sistema nervioso de manera que todos los sentidos se expanden. Se produce un suave orgasmo continuo a través del sistema nervioso central que te lleva al estado de *Samarasa* (iluminación o consciencia cósmica).

De la dualidad a la unidad. En *Tantra* y otros yogas existe una ciencia y un arte para entrelazar los principios masculino y femenino dentro del cuerpo humano. La Realidad Última es una, pero percibimos esa realidad como dual, como si todo tuviera un opuesto, y esa dualidad es sexual. Solo podemos volver a la Unidad cuando trascendemos esa dualidad.

El *Kriya Yoga* es el sendero de la mano derecha (*Dakshina Marga*), un giro de las fuerzas sexuales de la mente y el cuerpo enfocadas en la consecución del equilibrio entre los aspectos masculino y femenino de un individuo. La práctica en soledad es una técnica de relación sexual consigo mismo, es lenta y requiere de un esfuerzo diligente durante muchos años.

El *Tantra Kriya Yoga* incorpora el sendero de la mano izquierda (*Vama Marga*), un intercambio consciente de las fuerzas sexuales entre dos compañeros. Mezclar las energías femenina y masculina en una alquimia interna despierta los centros de energía que se encuentran dormidos. Ello conduce a la misma iluminación que un *Kriyaban* (practicante célibe de *Kriya Yoga*) puede experimentar, pero mucho más rápido. ¡Conectar tu energía con la de tu pareja acelera tu progreso, siendo posible experimentar la iluminación en un ritual!

Para equilibrar las energías femenina y masculina, tienes que estar simultáneamente en el cielo y en la tierra. En el ritual *Maithuna* te sientes bien enraizado, arraigado a la tierra y al mismo tiempo te abres al *Nous*, la fuente cósmica.

La serpiente mordiéndose la cola es un símbolo universal que representa la culminación de la experiencia terrenal. Una vez completes el circuito *Kundalini*, tus obligaciones *kármicas* se habrán cumplido y no tendrás necesidad de vivir en el nivel primitivo de este planeta.

Utilizando la energía sexual creativa. De acuerdo con otros sistemas de *Yoga*, practicar la unión sexual y experimentar orgasmos desperdicia la energía vital, permitiendo que vuelva a la tierra. Los fluidos de la procreación cargan consigo la energía más poderosa y condensada disponible para nosotros. La experiencia sexual "normal" en Occidente se enfoca totalmente en expulsar esa energía fuera del cuerpo, dejando a los amantes agotados y exhaustos.

Los maestros *tántricos* sabían que cuando se practica el *pranayama Kundalini* secreto de la Respiración Cósmica Cobra se puede extraer la fuerza vital del esperma y las secreciones vaginales, retenerla en el cuerpo para revitalizarlo y rejuvenecer el sistema y luego proyectarlo hacia el cerebro para despertar su potencial dormido.

En el ritual sexual *Kundalini Maithuna* puedes utilizar las secreciones sexuales de los cuerpos. Empleando la respiración y las posiciones tántricas, puedes obtener la riqueza hormonal del material filtrado de la sangre, extrayéndolo psíquicamente del rocío vaginal y del semen, llevando su energía productora de vida al líquido cefalorraquídeo. Una vez que esa energía ha sido extraída, puedes experimentar el orgasmo sin perder fuerza vital.

Utilizando la energía orgásmica. La base del deseo sexual y su satisfacción fugaz es el éxtasis del orgasmo sexual, la experiencia más intensa que cualquiera pueda tener. En ese momento uno experimenta la unión con su amado, no existe una separación, no hay un "yo" separado del "tú". En ese momento transcendemos en el estado de *Samadhi*, la feliz unión entre la consciencia individual y la cósmica. Ola tras ola de amor y paz llenan la consciencia despierta. El yo individual ansioso, luchador y dividido se funde con el flujo total de la energía cósmica vital, impregnándose de su calidad inalterable de intensa alegría.

La experiencia orgásmica está disponible para todos, y para muchos esta será la única experiencia mística que podrán tener. Esta visión momentánea nos deja con un profundo anhelo de repetirla, no solo por la liberación sexual, sino por la verdad que revela, pues en ese momento recordamos quiénes somos realmente.

En el *Tantra* puedes extender el clímax mucho más tiempo. En él se ofrece un sistema de técnicas para prolongar el orgasmo con el fin de experimentar la consciencia de la unidad. El estado de iluminación ha sido descrito como un orgasmo perpetuo. Una vez aprendas a alcanzar este estado en la meditación, el sexo no será más una necesidad primordial.

En el orgasmo eres uno contigo mismo, con tu amante, con toda la creación, con Dios. No existe el tiempo, no hay pasado ni futuro, solo presencia total en el eterno ahora. La respiración se detiene y la mente se vacía, y desde este vacío viene el profundo amor, la dicha divina y el éxtasis iluminado.

TÉCNICAS TÁNTRICAS

Las técnicas presentadas en este libro son la esencia del *Tantra Kriya Yoga*, el camino que utiliza las siguientes prácticas:

- *Asanas* - posturas para purificar el vehículo físico.
- *Pranayama* - técnicas de respiración para expandir la consciencia.
- *Dhyana* - meditación para sintonizarte con la corriente divina.
- *Mantras* - sonidos trascendentes que resuenan en el cuerpo.
- *Yantras* - manifestaciones visuales de los mantras.
- *Mudras* - gestos para activar las corrientes del cuerpo.
- *Bandhas* - bloqueos energéticos para conservar y mover la energía pránica.
- *Maithuna* - unión sexual.

Todas estas prácticas son complementarias y sinérgicas. Son dispositivos mecánicos muy simples que llevan energía al cuerpo y la mueven hacia donde más se necesite.

De los alimentos obtenemos una cantidad mínima de energía, y recibimos aún más al inhalar la fuerza vital (*Prana*). Pero la energía más poderosa es aquella que proviene del encuentro sexual. Estos ejercicios mantendrán tu energía en un nivel óptimo, lo cual es el objetivo de cualquier práctica de *yoga*.

Una parte importante de este trabajo consiste en construir una reserva de energía psíquica. Todos los tipos de *yoga* y los sistemas de desarrollo personal comienzan en el centro del ombligo o plexo solar. Debes aprender a generar energía en este punto, pues esta es la forma en la que evolucionarás. Dicha energía comienza en el ombligo y se abre camino hacia la parte superior de la cabeza donde activa muchas células cerebrales dormidas (neuronas). Este flujo de energía que va al cerebro crea un estado expandido de consciencia. Esto es lo que realmente sucede en la expansión del cerebro-mente.

Esa reserva de energía también estimula las glándulas sexuales, que son la clave para llegar a cualquier estado superior de consciencia. Si no están fuertes y funcionando al nivel óptimo, estarás agotando tu energía constantemente. El propósito de los ejercicios tántricos es fortalecer dichas glándulas.

Cada movimiento busca estirar y soltar la columna vertebral. Cuando el líquido cefalorraquídeo comienza a burbujear, puedes sentir el cosquilleo eléctrico subiendo y bajando por la columna. Debes relajar la pelvis y hacerla flexible para que la energía pueda fluir desde el sacro. Los ejercicios *tántricos* contribuyen a lograr este objetivo. Las experiencias místicas se originan en la médula espinal.

Las prácticas concretas del *Tantra* te ponen en un estado de hipersensibilidad en el que todos los nervios de tu cuerpo vibran a una frecuencia más alta debido al aumento de la circulación sanguínea. Todo lo esotérico puede explicarse en el nivel físico. No hay ningún enigma, pues le hemos quitado el misterio al misticismo. Se trata de una tecnología. Estas corrientes te abren paso hacia todos los niveles de consciencia. Una vez que descubres el secreto del cuerpo, comprendes el secreto del universo. Todo está contenido en tu interior, tú eres una réplica exacta del cosmos. Como es arriba, es abajo.

Las técnicas presentadas aquí son solo una introducción y preparan al estudiante para un trabajo más avanzado. No obstante, estas prácticas iniciales son extremadamente poderosas. Los maestros idearon estas técnicas para darnos un indicio de lo que podemos hacer sin ellas. Solo son un punto de partida, no un fin en sí mismas.

En última instancia, todas estas prácticas son la preparación para la Respiración Cobra. Todas las escuelas de *Tantra*, ya sea que provengan de Egipto, China, Persia o de cualquier parte, enseñan la Respiración Cósmica Universal Cobra. Esta técnica sagrada es la llave de la consciencia cósmica (véase la lección 5).

Los Resultados. El *Tantra Kriya Yoga* puede producir resultados muy rápidamente. Tienes que ser consecuente con la práctica porque estás construyendo un circuito psíquico en el cuerpo, el cual necesita alrededor de una semana para comenzar a formarse. Nosotros llamamos a este proceso "construcción del cuerpo dorado de luz". Si tú y tu pareja hacen el amor dos veces al día practicando la Respiración Cósmica Cobra, podrán alcanzar la experiencia de la suprema unidad universal en una semana.

El propósito del *yoga* es que sepas que eres el centro de tu universo, que todo se irradia desde ti. Activarás la energía *Kundalini* y serás uno con ella a medida que te unas con tu pareja. Al respirar juntos, pierden la identificación con sus seres físicos separados y se funden con el cosmos. Existe una sola energía. Sus cuerpos "desaparecen" en este estado de consciencia.

Que esto ocurra inmediatamente o después de meses o años de práctica depende de tu empeño, sin forzarlo. No te esfuerces demasiado, juega con ello, déjate llevar, permite que se convierta en una celebración. No es cuestión de concentrarse en algo, es simplemente ser consciente de lo que es. Cuando te concentras, restringes tu consciencia; cuando te dejas llevar, se despliega.

Tu *Sadhana*. Establece el hábito de sacar un tiempo cada día para ir a tu interior, para relajar tu cuerpo y tu mente completamente. Enfócate en una lección a la vez hasta que conozcas las técnicas. Una vez hayas completado las doce lecciones, podrás alternar tu práctica. Haz *yoga* por lo menos tres veces a la semana alternando los otros dos días con los ejercicios de rejuvenecimiento. De este modo el cuerpo tendrá tiempo para adaptarse. Un ciclo de actividad y descanso proporciona equilibrio.

Una buena rutina sería hacer los Isométricos *Rishi* los lunes, miércoles y viernes, posturas de rejuvenecimiento los martes y jueves, no hacer ninguna práctica los sábados, solamente meditar los domingos y practicar los activadores sexuales cada vez que te estés preparando para la actividad sexual o en cualquier momento que quieras excitarte (¡que es todo el tiempo!).

Primero, haz un poco de actividad física para poner en marcha el sistema circulatorio y dinamizar la estructura física. En segundo lugar, comienza a trabajar en un nivel más sutil, moviendo la energía a través del cuerpo. Toma consciencia de todo lo que está sucediendo dentro y fuera de ti. Tercero, siéntate a meditar. Tendrás ciertas experiencias pues algo ocurrirá al interior de tu consciencia. Al final, todos experimentaremos lo mismo. La tradición del *Tantra Kriya* es particularmente importante porque es científica. Con el tiempo, practicar ciertas técnicas producirá resultados determinados.

Es importante que hagas lo que sea más cómodo para ti y que no haya nada rígido en tu práctica. Aprenderás técnicas para excitarte, calmarte, enfocar tu mente, dinamizarte y llevarte hacia la zona de penumbra. En el *Tantra*, utilizamos la mente para vencer a la mente, le gastamos bromas. En algunas técnicas encontrarás que el proceso de pensamiento se apaga automáticamente. Utilizando la respiración, los *mantras* y colores pronto verás la consciencia en expansión. Puedes elegir la práctica que sea más adecuada para ti en cada momento.

PRODUCTOS DERIVADOS DE LA PRÁCTICA TÁNTRICA

1. **El rejuvenecimiento** es uno de los resultados que no se comenta en la mayoría de los libros. La regeneración de los órganos vitales y la revitalización de tus glándulas sexuales son los factores más importantes para tu crecimiento espiritual. Quienes practican estas técnicas encuentran que su proceso de envejecimiento se hace más lento. Los resultados son claramente visibles. Tómate una foto, practica las posturas de rejuvenecimiento durante una semana y luego tómate otra. Te sorprenderás.

2. **La clarividencia** surge naturalmente a medida que comienzas a estimular los *chakras* del cerebro. No necesitas ningún tipo de entrenamiento psíquico, el Tercer Ojo se abre espontáneamente.

3. **La profundización en tu relación**. Aprendes a conectarte con tu pareja en todos los niveles. Para quienes su matrimonio se ha deteriorado con las tareas de manejar dinero y criar hijos, existe la esperanza de que resurja el dinamismo sexual que los unió en un principio.

4. **La psicoterapia.** acontece, te liberas de las fobias, neurosis, resentimientos, vergüenzas e insultos que hayas sufrido y que continúan minando tu energía y limitando tu actividad. Expandir la consciencia convirtiéndote en el testigo es la única terapia que realmente funciona.

5. **Aprendizaje a partir de los sueños**. Cuando vas a dormir en la noche, dejas tu cuerpo físico y viajas a través de múltiples dimensiones. Uno de esos niveles es el estado del sueño. No tienes que intentar salirte de tu cuerpo, eso sucede automáticamente. La tensión-relajación, *Hong-Sau* y la Respiración Cobra te llevarán fuera de tu cuerpo, pero estarás totalmente consciente de lo que está sucediendo. El *Tantra Kriya Yoga* te lleva al estado llamado *Bindu*, entre la vigilia y el sueño. Llegarás a un punto donde estarás físicamente dormido, pero completamente despierto.

La calidad de tus sueños va a cambiar, proporcionándote una nueva intensidad y significado. Mantén un diario de tus sueños para sacar el máximo provecho de la enseñanza o de la limpieza que ocurre a través de ellos.

6. **Reprogramación de tu subconsciente.** Si bien es fácil hablar acerca de cómo disolver el ego, es mucho más difícil hacerlo. El ego está respaldado por tu mente subconsciente, la cual ha sido programada para no ser alterada. Muchos maestros con buenas intenciones nos invitan a que repitamos afirmaciones indefinidamente con el fin de cambiar nuestro comportamiento autodestructivo subconsciente, pero dichas afirmaciones son solo la mente consciente hablándose a sí misma. No logramos llegar al subconsciente de esta manera.

La hipnosis pretende comunicarse con el subconsciente mediante la inducción de un estado de trance que suspende la mente consciente. Quien hipnotiza trata de limitar tu esfera de percepción hasta que solo oigas su voz, por lo que sus sugerencias tendrán ciertos efectos, pero no van a perdurar. La limitación más importante es que la hipnosis no resuelve la causa del problema. Cada comportamiento problemático se constituye como la solución a otro problema, es decir, que cualquiera que sea el conflicto que provocó la compulsión, todavía no ha sido resuelto. Una persona que haga hipnosis puede sugerir que ya no sientas compulsión por comer y el comportamiento alimentario puede llegar a normalizarse, pero el conflicto interior encontrará otra vía de expresión, probablemente una más sutil y más difícil de tratar.

El trance de la hipnosis inducida te llevará hasta la puerta de la meditación. Muchas de las llamadas técnicas de meditación son en realidad hipnosis. Solo la verdadera meditación te va a permitir "reprogramar" tu computadora mental y eliminar la fuente de cualquier conflicto. Aprovecha las técnicas aquí presentadas para resolver los problemas a medida que salgan a la superficie.

LOS DOS CAMINOS ESPIRITUALES:
LA VOLUNTAD Y LA ENTREGA

Los Maestros han indicado que, básicamente, hay dos caminos espirituales: el camino de la voluntad y el de la entrega. Puedes aprender el autodominio, ya sea a través de una gran disciplina y fuerza de voluntad o permitiendo que las cosas sean exactamente como son y que las corrientes cósmicas te lleven a donde quiera que vayan. El primer camino requiere un autocontrol asombroso, el segundo necesita una confianza extraordinaria. En última instancia, el aspirante que ha llegado tan lejos como le ha sido posible mediante la disciplina igual tendrá que entregarse. Ese es el camino más largo. Como alternativa, puedes simplemente comenzar con la entrega. En muchos caminos hay una figura de un gurú al que hay que rendirse. Esto puede ser conveniente, pero no es necesario.

Vamos a presentar dos técnicas para hacer frente al material del subconsciente. Puedes utilizar la que consideres apropiada. Para impresionar a tu voluntad con un subconsciente caprichoso tenemos el *Yoga Nidra* (Sueño del Yogui); para observar el subconsciente y de ese modo despojarlo de su poder tenemos la Consciencia Testigo.

El camino de la voluntad. Todos los sistemas de *yoga*, ya sea que provengan de la India Oriental, el Tíbet, Egipto o China, comienzan a partir del chakra Manipura, el plexo solar, la caldera de fuego, el centro de la voluntad personal. La respiración contenida es una técnica que fortalece el poder de la voluntad. Cuando exhalamos con la respiración contenida utilizando un movimiento dinámico de empuje, conservamos la fuerza vital y la almacenamos en el chakra *Manipura*. Podemos acumular esta energía y llevarla a los centros superiores. Nosotros, como seres humanos, trabajamos básicamente en el nivel denso del cuerpo físico. Debemos aprender a energizar el chakra *Manipura* para hacer contacto con el cuerpo pránico, el cuerpo de la fuerza vital que rodea y penetra al cuerpo físico. Una vez que entramos en contacto con él, podemos entrar en el infinito.

Yoga Nidra – **el sueño del yogui.** Esta técnica ha sido utilizada por los yoguis desde tiempos inmemoriales para ponerse en contacto con su mente subconsciente. En ella se utiliza el momento justo en el que te deslizas de la vigilia al sueño, *Bindu*—momento de transición cuando las mentes consciente e inconsciente están disponibles—. Una sugerencia plantada en ese momento crítico se manifestará absolutamente después un periodo de tiempo.

Puedes emplear esta técnica para producir cambios como dejar de fumar y hacer más ejercicio, pero la hemos introducido primero para fortalecerte ante la resistencia que pueda generarte hacer este trabajo. Seguramente la resistencia aparecerá. Este es un camino muy difícil ya que requiere que enfrentes ciertas verdades de las que te has estado escondiendo, cosas sobre ti que no estás dispuesto a mirar. Esta técnica te llevará a estados de ánimo que nunca has experimentado.

El cambio es lo que más nos estresa en la vida, pues consiste en enfrentar una situación desconocida que no sabes cómo manejar. Se necesita mucho valor y confianza para entregarse al fuego cósmico que te va a forjar. Si te tomas en serio la práctica de *Tantra*, utiliza la técnica de *Yoga Nidra* para tomar decisiones, para comprometerte con tu propio crecimiento, para anunciarle al Cosmos que estás disponible para recibir instrucción y para armonizar tu subconsciente con los cambios inminentes.

En cada lección se te solicita que te enfoques en algún aspecto de tu programación. Utiliza el *Yoga Nidra* para sugerirle a tu subconsciente que está bien que revele sus secretos. Aquí presentamos un buen proceso de inicio. Nuestro audio curso (disponible solo en inglés) *Theta Threshold* (Umbral Theta), contiene una explicación completa y un proceso más profundo.

El camino de la entrega: La consciencia testigo. Cuando el concepto limitado que tienes de ti mismo—es decir, tu ego—se dedica a su Ser expandido, a su naturaleza divina, has entrado en el camino de la entrega. Para entregarte debes confiar que la existencia está velando por tus intereses. El Cosmos está siempre dispuesto a enseñarte y simplemente está esperando a que estés disponible. De hecho, constantemente está poniendo oportunidades en tu camino para que aprendas y superes tu estado actual. Probablemente las has considerado como disgustos y problemas y has hecho todo lo posible para evadirlos.

Hay una sencilla actitud que debes inculcar en tu ser:

El Cosmos me proporciona exactamente lo que necesito.
Cualquier cosa que venga será apropiada
y aprenderé de ella.

Has pasado tu vida diaria absorto en el drama: en tus placeres y conflictos, en tus sueños y frustraciones. A medida que maduras espiritualmente te identificas cada vez más con tu naturaleza superior y comienzas a perder interés en los juegos que ocurren a tu alrededor. Aprendes a estar en el juego y al mismo tiempo en una consciencia superior, observando desde una perspectiva más desapegada.

Con la Consciencia Testigo <u>experimentas</u> totalmente la sensación, el pensamiento o el sentimiento que está ocurriendo en el momento presente y al mismo tiempo lo <u>observas</u> objetivamente, con plena consciencia. Entonces el pensamiento o el sentimiento comienza a perder poder sobre ti y deja de ser una fascinación o un disgusto. A continuación, comenzarás a levantar las capas de material mental que has llegado a considerar como parte de tu ser.

PRÁCTICA INDIVIDUAL

1. **La respiración contenida** es el secreto para retener la fuerza vital dentro del cuerpo y así llenarte de más prana o vitalidad.

   a) Inhala profundamente por la nariz. Al exhalar produce repetidamente el sonido susurrante "SA, SA…, SA" hasta que el aire se acabe. Esta es la respiración contenida. Cada sonido viene con una pequeña contracción del diafragma, trayendo la energía hacia abajo, hasta el ombligo (*chakra Manipura*). No fuerces el estómago para que entre y salga, simplemente permite un movimiento natural de empuje, esto hará un suave masaje interno y despertará la fuerza vital. Si lo haces correctamente, casi podrás escuchar el canto de los pájaros.

b) A medida que continúes con la práctica serás capaz de refinar el sonido "SA" hasta que sea casi inaudible, por lo que el movimiento de empuje se hará más sutil. Incluso podrás hacerlo en un nivel mental, siempre y cuando consigas un micro movimiento en el plexo solar. Esta práctica alargará tu vida y aumentará considerablemente tu energía y vitalidad, lo cual se ha demostrado científicamente.

c) Después de practicar la técnica, observa tu cuerpo y hazte consciente de cualquier sensación. Es muy probable que sientas el pulso. Cuando inhalas, atraes todos los iones positivos y negativos en el aire, los cuales van directo al Tercer Ojo y crean automáticamente una sensación pulsante. Al exhalar con el sonido "SA" vas a producir una sensación pulsante en el *chakra Manipura*.

2. **La energización *Kriya*** (tensión-relajación) va a estimular todo el cuerpo, iluminando como un árbol de navidad cada punto de energía (puntos de acupuntura) y va a limpiar los nadis (flujos de energía), activando así la *Kundalini*, con la consiguiente expansión de tu campo de energía.

La energización también te llevará a un estado equilibrado de consciencia entre el sueño y la vigilia, en el que la autosugestión es más poderosa. El proceso de *Yoga Nidra* para la autosugestión es una larga meditación guiada y aquí tenemos un método que puedes hacer ahora.

En los repertorios usuales de los expertos en hipnosis y en la reducción del estrés se encuentra una variante más suave de este proceso, pero si le agregas la visualización y la respiración será mucho más eficaz.

Parte A. Para sacudir los músculos y prepararlos para una relajación y energización profundas: muévete en cámara lenta. Siente la energía fluyendo por todo tu cuerpo.

1. Acuéstate boca arriba, con las palmas mirando hacia abajo.
2. Levanta la pierna izquierda, tan alto como te sea posible y déjala caer de repente.
3. Levanta la pierna derecha y déjala caer.

4. Levanta el brazo izquierdo y déjalo caer.
5. Levanta el brazo derecho y déjalo caer.
6. Repítelo dos veces más.

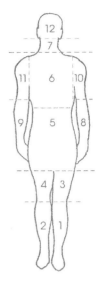

Parte B. Energizar el cuerpo y alcanzar el *Bindu*.

Ten en cuenta que el cuerpo está dividido en doce partes:

1. Parte inferior de la pierna izquierda
2. Parte inferior de la pierna derecha
3. Parte superior de la pierna izquierda
4. Parte superior de la pierna derecha
5. Parte inferior del torso
6. Parte superior del torso
7. Cuello
8. Parte inferior del brazo izquierdo
9. Parte inferior del brazo derecho
10. Parte superior del brazo izquierdo
11. Parte superior del brazo derecho
12. Cabeza

Acuéstate boca arriba en una posición cómoda, con las palmas hacia arriba. Siente una sonrisa interior en la parte posterior de tu garganta. Tensiona y relaja todas las partes de tu cuerpo en el orden indicado anteriormente. Mientras tensionas, inhala por la nariz y mientras relajas, exhala por la boca, visualizando cómo la energía fluye hacia esa parte del cuerpo desde el bulbo raquídeo (en la base del cráneo donde la médula espinal se encuentra con el cerebro).

Cuando domines esta técnica podrás combinar dos partes simétricas del cuerpo en una sola tensión. Por ejemplo, tensionar la parte inferior de la pierna derecha y la parte inferior de la pierna izquierda al mismo tiempo.

Establece un tiempo determinado para hacer la práctica cada día y lleva un diario de tus experiencias.

Puedes utilizar la técnica de tensión-relajación para sanarte a ti mismo. Tensiona cualquier área que necesite ser sanada mientras inhalas, y al exhalar relájala e imagina el *prana* fluyendo desde el bulbo raquídeo hacia esa zona. La atención también debe enfocarse en el bulbo. Relaja el área mientras exhalas, sin dejar de visualizar el *prana* fluyendo hacia ese punto. Este proceso puede repetirse tantas veces como lo necesites para sanar el área de tu cuerpo que se encuentre afectada.

Parte C. Autosugestión. En este punto, la mente y el cuerpo van a estar muy relajados, así que puedes afirmar cualquier resolución que desees instalar en tu mente subconsciente. Ella estará abierta y receptiva.

3. Ser testigo de la respiración. Observa la respiración a medida que entra y sale del cuerpo. No hagas ningún intento de modificarla. No tengas ninguna opinión acerca de cómo debería ser. Centra toda tu atención en observarla durante varios minutos.

PRÁCTICA EN PAREJA

Ser testigo de la estimulación sensorial

Aparta una hora del día para que tengas privacidad ininterrumpida. Reúne una gran variedad de artículos con diferentes texturas y temperaturas tales como plumas, un trozo de satén, un poco de agua con hielo, un huevo, un poco de perfume, una variedad de música que vaya de lo denso a lo sublime, pequeños bocados de diferentes comidas, etc. Deja volar tu imaginación. Por supuesto, no debe haber nada tóxico o que pueda causar heridas.

Invita a tu pareja a que se acueste sobre una mesa de masaje, en la cama o en el piso (donde sea cómodo para los dos) y cubre sus ojos suavemente. Ofrécele una experiencia inesperada: un toque, un sabor, un olor, un sonido, que sea una aventura creativa para los dos.

En algún momento cambien de rol de tal manera que cada uno haya sido receptor y dador. Por lo general, el hombre se siente más cómodo dando que recibiendo, así que permite que sea él quien dé primero.

Mientras recibes este placer sensorial, practica la Consciencia Testigo. Permite que tu mente diferencie claramente tres cosas: 1) El estímulo que se te presenta; 2) La percepción de tu cuerpo frente al estímulo; 3) Tú observando la percepción. Debes apartarte lo suficiente de la experiencia como para ser un observador imparcial. Vas a estar diciéndote a ti mismo algo como: "Estoy aquí observando a mi nariz oler este perfume. Estoy observando mi piel respondiendo ante el agua helada".

Permite que haya intervalos en los que no se presente ningún estímulo. En esos momentos, conéctate con los sonidos de la habitación, o siente los puntos de presión de los lugares donde tu cuerpo hace contacto con el piso o la cama.

A continuación, mira hacia adentro y observa las sensaciones de tus músculos, si hay rigidez o espasmos. Observa internamente cualquier sensación en tus órganos.

Mantente totalmente absorto en tus observaciones. Continúa moviéndote hacia adelante y hacia atrás entre los estímulos del mundo exterior y las sensaciones de tu mundo interior. Como si nunca antes lo hubieras notado, observa cómo tu sistema nervioso (la consciencia), te conecta con tu cuerpo y tu entorno.

Este es un paso en el aprendizaje de la Consciencia Testigo, una de las técnicas más importantes, la psicoterapia definitiva. Una vez dominada, la Consciencia Testigo te liberará de tu pasado y te permitirá vivir completamente en el presente.

Si entraste a este ejercicio con espíritu de juego, puede convertirse en un encuentro muy sensible para hacer el amor. Si no es así, también está bien. No satures el proceso con expectativas.

....

CONSCIENCIA

....

1. **Practica la Consciencia Testigo** cuando te sientes a meditar o en cualquier momento del día. Cuánto más a menudo la practiques, más rápido será tu progreso. Solamente obsérvate a ti mismo desde una posición ligeramente desapegada, captando los estímulos sensoriales provenientes del mundo interior o exterior. Discrimina tres acontecimientos distintos: el estímulo, la percepción y el testigo.

2. **Comienza a registrar tus sueños** en un diario. Ellos te llenarán de mensajes y procesos de sanación a medida que hagas esta práctica.

3. **Utiliza el diario** para observar diversos aspectos de tu vida. También querrás tomar nota de tus avances y tus descubrimientos.

a. Observa tus actitudes acerca de la sexualidad versus la espiritualidad: te consideras liberado sexualmente, pero mira hacia atrás y revisa las conductas impresas en ti durante la niñez, ya fueran estas habladas o de una manera más devastadora, tácitas. Recuerda la vergüenza que sentías por tu cuerpo y tus sentimientos sexuales, la confusión durante tu primer período o sueño húmedo, tu sorpresa al enterarte de que tus padres o el sacerdote (pastor) tenían relaciones sexuales, o cuando pensabas que el mundo podía llegar a su fin cuando te atraparan "jugando al doctor" u otra intimidad de niñez que horrorizara a tus padres. Esos recuerdos todavía están allí bloqueando tu energía sexual.

b. Recuerda todas tus experiencias sexuales y tus parejas. ¿Con qué frecuencia quedabas realmente satisfecho y cuántas veces decepcionado? ¿Has albergado pensamientos acerca de que hay algo mal en ti y que te estás perdiendo de alguna manera? ¡Di la verdad!

c. Busca patrones en tus relaciones. ¿Siempre te abandonan o mantienes el control dejándolos primero? ¿Eliges siempre un determinado tipo de persona? Etcétera. Cualquier factor común en tus relaciones indica que hay algo que aprender y que debes seguir adelante hasta que lo entiendas.

d. Si actualmente estás en una relación, las probabilidades de que uno de ustedes o ambos no esté satisfecho o esté aburrido o decepcionado con las relaciones sexuales son bastante elevadas. ¿Tienes miedo de admitir tu insatisfacción, incluso frente a ti mismo, pues eso significaría destruir la relación, o quizás tu relación es maravillosa y no quieres arriesgarte al cambio? Es muy poco común encontrar una pareja en la que ambos estén dispuestos a explorar juntos el camino tántrico por miedo a que la relación no sobreviva. Por ello deben abrirse a la comunicación y asegurarse el uno al otro que su amor es más fuerte que su temor.

e. Si no estás en una relación y quieres estarlo, ¿estás dispuesto a enfrentarte con la verdad acerca de por qué no hay nadie allí para ti? ¿Qué has hecho para que eso suceda? ¿Cómo podrás cambiarlo cuando estés preparado? (Las técnicas mágicas para atraer a la pareja ideal se enseñan en los entrenamientos avanzados).

LECCIÓN 2

La respiración y la energía pránica

Respiración completa. Ya sea que desees experimentar niveles superiores de consciencia, una mayor sensibilidad psíquica, mejorar tu salud (física y mental) o experimentar un orgasmo de cuerpo completo, la clave es la expansión de la respiración. Cierra tus ojos durante un momento y sin cambiar nada simplemente observa tu respiración. Probablemente observarás que es poco profunda y bastante rápida, lo cual, desafortunadamente, es algo normal en nuestra cultura. Los yoguis hacen un gran énfasis en aprender a respirar lenta y profundamente, llenando completamente los pulmones y luego vaciándolos del todo. Descubrirás que tan pronto te haces consciente de ella, el patrón de tu respiración cambia. La respiración consciente es la base para controlar la inhalación y la exhalación.

Observa (en la página siguiente) lo grandes que son los pulmones. Tienen tres cámaras o lóbulos separados, pero los lóbulos superiores e inferiores rara vez se utilizan. La mayoría de las personas respiran usando únicamente el lóbulo medio. Si observas a un bebé durmiendo, te darás cuenta de que la respiración llena primero el abdomen y luego se expande hacia el resto del pecho. Esta es la forma natural de respirar. La mayoría de las personas utilizan menos de la séptima parte de su capacidad pulmonar, inhalando solo un litro de aire en cada respiración. Los pulmones completamente expandidos pueden contener hasta siete litros. Cuando entra más oxígeno en el sistema, todas las células de cada uno de los órganos se nutren y puede llevar a cabo su tarea de una manera mucho más efectiva. Cuando se libera más oxígeno para las neuronas del cerebro, este se activa y produce impulsos más claros y potentes, lo cual agudiza los sentidos y fortalece todo el sistema nervioso. Con ello nos hacemos mucho más conscientes de las energías sutiles que nos rodean.

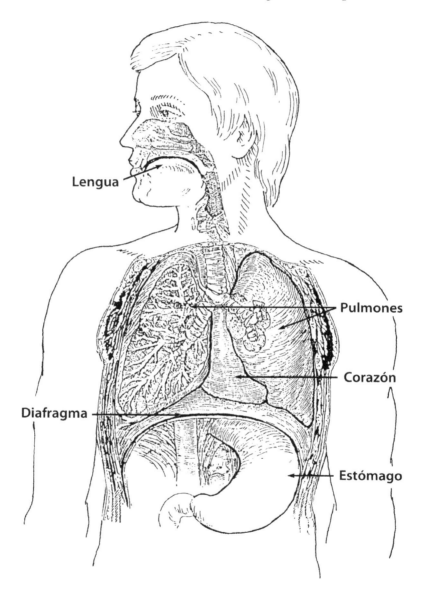

Retener el aire inhalado durante un momento concede un tiempo extra para que la sangre descargue sus productos de desecho y absorba más oxígeno. El oxígeno adicional en el cuerpo tiene notables efectos curativos y de rejuvenecimiento (por ejemplo, las técnicas de hiperoxigenación pueden lograr que el pelo gris recupere rápidamente su color original).

La exhalación libera al cuerpo del dióxido de carbono y de otros productos de desecho generados durante el metabolismo. Cuando esos residuos no se eliminan por completo, las células se descomponen y se hacen más vulnerables frente a las enfermedades. La respiración inconsciente muy rara vez vacía totalmente los pulmones.

Acceder al inconsciente. El sistema nervioso está dividido en dos partes: 1) el sistema nervioso central, para los movimientos voluntarios (conscientes) y 2) el sistema nervioso autónomo, que regula automáticamente las funciones del cuerpo (subconscientes). Por lo general, la respiración es un proceso automático, pero de todas las funciones automáticas es la que puede ponerse más fácilmente bajo el control voluntario y por lo tanto es el puente entre el funcionamiento consciente y subconsciente de nuestro cuerpo-mente.

Protege tu salud. A su vez, el sistema nervioso autónomo se divide en dos partes: 1) el simpático y 2) el parasimpático. El sistema parasimpático produce un estado de relajación y bienestar. La respiración completa es relajante porque cuando se respira profundamente hacia el abdomen, el sistema parasimpático se pone en funcionamiento. La respiración superficial mantiene en control al sistema nervioso simpático, el cual te prepara para luchar o huir ante el peligro. Hasta donde el cuerpo sabe, si respiras de forma rápida y superficial significa que estás en peligro. El estrés de estar constantemente en estado de alerta es un factor determinante en la producción de la mayoría de las enfermedades. Aprender a desactivar este sistema de emergencia y retornar a otro más relajado es uno de los principales beneficios de la respiración completa.

Disminuir el ritmo de la respiración produce cambios dramáticos en el sistema cuerpo/mente. La persona promedio respira aproximadamente quince veces por minuto. Si esta frecuencia se reduce a ocho veces por minuto, la glándula pituitaria comienza a funcionar de manera óptima. Esta glándula regula a todas las demás para garantizar el equilibrio de las hormonas, lo cual es la clave para una salud radiante.

Apertura de los canales psíquicos. Cuando respiras menos de cuatro veces por minuto, la glándula pineal comienza a segregar al máximo. Cuando se estimulan las glándulas pituitaria y pineal, el Tercer Ojo comienza a funcionar y la clarividencia ocurre con facilidad.

La respiración y la consciencia emocional. Los bebés son traídos a este mundo de forma cruel, con una insensibilidad total hacia sus sentimientos. Los médicos cortan el cordón umbilical antes de que sus pequeños pulmones tengan tiempo para limpiar el fluido que los ha llenado en el útero, por lo cual la primera respiración del bebé está relacionada con el pánico debido al dolor agudo que sufren los delicados tejidos al recibir aire por primera vez. La mayoría de las personas nunca se recupera de este trauma y no vuelve a tomar una respiración completa por temor a ese dolor.

Desde niños interiorizamos que estar completamente vivos era algo inaceptable para nuestros padres medio muertos. Tener demasiada energía generaba problemas, así que aprendimos a sofocar esa vitalidad limitando nuestra respiración. Desde muy temprana edad aprendimos que cuando algo era demasiado miedoso o doloroso podíamos disminuir nuestra sensibilidad conteniendo nuestra respiración, lo cual tuvo un efecto adormecedor que nos permitió enfrentar muchas situaciones que no estábamos preparados para encarar. También aprendimos que cuando se despertaban sentimientos que no eran aceptables para nuestros padres y maestros podíamos cambiarlos limitando nuestra respiración.

Cuando estás enojado respiras de cierta forma y si no respiras así, no puedes mantener el enojo. En cambio, cuando un actor quiere crear un estado de ira, lo consigue respirando de esa manera particular. El mismo principio aplica para todos los sentimientos: cuando estás excitado sexualmente, el patrón de tu respiración cambia. Sofocando este patrón puedes controlar la excitación. Todas las personas se regulan constantemente a sí mismas mediante la respiración. Esto se hace inconscientemente, de forma automática.

Si bien esta autorregulación tiene sus ventajas puesto que nos ha servido para sobrevivir en este mundo demente, también tiene consecuencias desafortunadas. Efectivamente nos ha protegido de un miedo o dolor excesivo, de la rabia o la excitación sexual, pero también nos ha cerrado a la posibilidad de que algo surja en nosotros: el gran anhelo de amor, el máximo placer de estar cerca de alguien especial, el éxtasis de estar vivos. Nos hemos conformado con una gama muy limitada de experiencias, en lugar de arriesgarnos a enfrentar las consecuencias de dejar fluir nuestros sentimientos y nuestra consciencia.

De la misma manera en que utilizamos la respiración para suprimir los sentimientos, al respirar de cierta forma podemos acceder y traer de vuelta a la consciencia esas partes ocultas y oscuras de la psique. Descubriremos que los sentimientos no habían desaparecido, sino que simplemente estaban enterrados. Repudiados, no reconocidos, o no experimentados, ellos continúan con vida propia más allá de nuestro control. Viejos temores, heridas y resentimientos que quedaron de la infancia todavía tiñen nuestra experiencia de manera indirecta, saboteando nuestras buenas intenciones. Mediante la respiración consciente, estos sentimientos enterrados comienzan a salir a la superficie para que puedan ser abordados desde una perspectiva adulta. Podemos trabajar lentamente los sentimientos acumulados, experimentándolos y siendo testigos de esas experiencias para finalmente liberarlas.

Al fin nos hacemos libres para experimentar justo lo que está sucediendo en cada momento: viene el enojo, lo notamos, lo experimentamos y se va con la siguiente respiración. No hay acumulación. Respirar profundamente frente a una experiencia aterradora puede transformarla en una aventura maravillosa. Puedes validar fácilmente este principio en tu experiencia: ansiedad más oxígeno es igual a excitación.

En la medida en que nos hacemos conscientes de los procesos del cuerpo, momento a momento, aprendemos a hacer consciencia de nuestros pensamientos y sentimientos a cada instante. Hasta que tomemos la decisión de permanecer conscientes, continuaremos marchando como robots con nuestros hábitos y rutinas diarias, protegiéndonos de cualquier cosa que no pertenezca a los estrechos límites de las experiencias conocidas y seguras: esto es sonambulismo, una vida inconsciente.

¿Por qué la importancia de la respiración no es de conocimiento común? ¿Por qué los médicos no permiten que las personas sepan que respirar profundamente los hará sentirse serenos y saludables? La respuesta es que el proceso de despertar es aterrador. Cuanto más civilizados somos, más vivimos en las abstracciones del intelecto y más alejados estamos de los sentimientos y de las experiencias directas de la vida. Los médicos son los más intelectuales de todos. El proceso para determinar quién entra en una escuela de medicina nos lo corrobora. Ellos son las personas menos inclinadas a aventurarse en las oscuras profundidades de los sentimientos reprimidos y acumulados a lo largo de toda una vida.

Existen muchos maestros que vienen a nosotros para señalarnos el camino. Por lo general terminan en una cruz, bebiendo cicuta, siendo deportados o convirtiéndose en ermitaños. La mayor parte de la humanidad no está preparada para enfrentarse a su propio dragón, al guardián de sus pasadizos oscuros. Solo unos pocos optan por sumergirse en lo desconocido, por abrirse camino a través de las capas de experiencias inconclusas, por vivir nuevos niveles de consciencia para finalmente encontrarse a sí mismos.

EL PRANA Y LOS CUERPOS DE ENERGÍA

El *prana*, la fuerza de la vida. La energía que activa el cuerpo físico viene a través del cuerpo etérico en forma de prana, la fuerza vital. Este es el componente que diferencia a un ser vivo de un cadáver. Cuando el *prana* se retira, la vida cesa. Ingerimos una pequeña cantidad de *prana* en los alimentos, pero principalmente se infunde en nuestro cuerpo cuando respiramos.

Inhalar, retener, exhalar. La respiración profunda, con una inhalación lenta y completa, te permite extraer toda la energía pránica posible. La fase de inhalación del ciclo respiratorio es el mejor momento para hacer sugerencias a la mente subconsciente. Ese pensamiento es transportado junto con el prana a lo largo de los canales astrales y de esta manera se graba en los centros de poder que controlan tu vida. Los flujos astrales se detienen durante la fase de retención, este es el momento óptimo para enfocar la mente. Se dice que la mejor meditación ocurre entre la inhalación y la exhalación. Al exhalar completamente se expulsan los residuos tóxicos para permitir una mayor infusión de energía. Durante la exhalación puedes proyectar la energía hacia tu amante o enviarla para sanar a alguien.

El cuerpo físico deberá ser dominado en algún momento de nuestra evolución. No está separado del alma, ni es su antagonista, simplemente es aquel aspecto de ella que puede percibirse a través de los sentidos. La iluminación se produce a nivel físico, no en un espacio abstracto. Todos los procesos metafísicos pueden explicarse en términos fisiológicos: las acciones de las hormonas, el metabolismo, las endorfinas, etc. El cuerpo físico es el hogar de la mente consciente limitada, que está gobernada por el *chakra* raíz. La consciencia expandida se revela cuando las células cerebrales que están dormidas se activan. Debes comenzar donde estás. Llevando la consciencia hacia el aspecto físico podrás vislumbrar el etérico. Tradicionalmente, el cuerpo físico ha sido dominado a través del *Hatha Yoga*.

El cuerpo etérico (pránico) aparece ante el ojo psíquico como un resplandor azulado alrededor del cuerpo físico. A través de este revestimiento *pránico*, la energía da vida al cuerpo físico. Trabajando paralelamente con la respiración y con *mantras* puedes lograr sensibilizarte con esta capa sutil de tu ser. Gobernado por el segundo *chakra*, este es el hogar de la mente inconsciente, el archivo de todos los recuerdos personales. Debido a su carga altamente sugestionable, se contacta mediante la hipnosis. El dolor y la enfermedad física pueden crearse o curarse a través de estas sugestiones. Los traumas emocionales que producen nuestras obsesiones y nuestro auto sabotaje pueden ser sanados llevando los recuerdos dolorosos a la consciencia.

El cuerpo mental tradicionalmente ha sido dominado por medio del *Raja Yoga*. Esta energía es la manera como nos proyectamos en el mundo.

El cuerpo astral es el "aura" transparente en la cual los psíquicos *ven* colores y símbolos que representan nuestro estado emocional. Una vez estás en el cuerpo astral, puedes ausentarte para viajar a voluntad en ese plano. Este es el hogar del inconsciente colectivo, el banco de datos del universo, el material más sutil a nivel atómico. El cuerpo astral está gobernado por el *chakra* del corazón y puede ser dominado mediante el *Bhakti Yoga* devocional.

Los primeros cuatro cuerpos están en el plano terrenal. Hasta este punto el movimiento ha sido horizontal, es decir, del mundo exterior hacia el interior. El dominio de los cuatro cuerpos inferiores es el máximo logro de nuestro potencial humano, prerrequisito para pasar al siguiente plano de la existencia, de humano a sobrehumano, y de ahí a la iluminación.

El cuerpo espiritual (gozo - éxtasis) es el estado pleno de autorrealización en el cual la esencia divina está completamente incorporada. Esta es la quinta dimensión de la cual se habla tanto últimamente. **El cuerpo cósmico** es el estado de realización de Dios, donde el Yo se ha fusionado completamente con el Todo. **El cuerpo nirvánico** es el vacío, más allá de la comprensión humana.

EL HOMBRE HIZO A DIOS SEGÚN SU PROPIA IMAGEN

Se ha dicho que el hombre está hecho a imagen de Dios. Nuestra observación es que el hombre crea a Dios para reflejar la imagen que tiene de sí mismo. A medida que se expande nuestra consciencia, nos vemos a nosotros mismos de una forma cada vez más amplia, y a medida que avanzamos, nuestra concepción de Dios avanza también.

La mente sin entrenamiento puede lidiar solamente con el cuerpo físico y con sus limitados cinco sentidos. Su Dios luce como un hombre y se comporta como un padre que exige obediencia y amenaza con castigos.

Después de cierto refinamiento, los sentidos son capaces de ver, sentir, oler e incluso escuchar la vida en el nivel más sutil, el del cuerpo etérico. Aquel que es consciente de este nivel puede concebir a Dios como una esencia que va más allá de la forma.

Todas las técnicas *tántricas* están diseñadas para dirigir la energía hacia la columna vertebral y estimular la *Kundalini* en ascenso. Una vez se haya elevado y hayas experimentado un atisbo de lo que es la iluminación, podrás ver la divinidad en toda la creación. Ya no tendrás más la necesidad de ver a la divinidad como algo separado de ti mismo.

PRÁCTICA INDIVIDUAL

1. **Sacudida *Shakti***

   Comienza sacudiendo tu cuerpo. Permite que cada parte de él se mueva. Si te mueves totalmente, el cuerpo se hará cargo y sentirás que estás siendo sacudido. Continúa durante al menos cinco minutos, pero no más de quince. Poner la música adecuada ayuda. Busca algo que tenga mucho ritmo. Por ejemplo, los tambores hawaianos son perfectos. Después de terminar, siéntate en silencio y siente la energía zumbando por todo tu cuerpo.

2. **Preparación para la respiración completa**

   Para ayudarte a dominar la respiración completa vamos a dividir los pulmones en nueve áreas, con el fin de concentrarnos en expandir una sola área a la vez. Siéntate en una silla con el espaldar alto o en el suelo apoyándote contra la pared. También puedes sentarte espalda con espalda con tu pareja o con un compañero o compañera. Inhala y exhala por la nariz, tres veces en cada una de las áreas de los pulmones.

   Parte A. Lóbulo inferior

   1. Cuando la parte inferior de los pulmones se expande, el abdomen debe relajarse para abrir espacio (aunque esto quizás no te parezca del todo atractivo). Pon tus manos sobre el abdomen y expándelo a medida que inhales, sintiendo la presión de este contra tus manos. Al exhalar, contrae el abdomen.

   2. Ahora las manos van a los lados de la cintura. A medida que inhalas y expandes de nuevo, enfócate en la zona que está debajo de las manos. Exhala y siente cómo tus costados retornan a la posición normal.

   3. Para monitorear la expansión en la parte posterior de la caja torácica (parte baja del cuerpo), inhala y siente tu espalda presionando el espaldar de la silla, la pared o la parte inferior de la espalda de tu pareja o compañero. Exhala y relaja tu cuerpo.

   4. En una sola respiración, combina los tres ejercicios anteriores. A medida que inhalas lentamente, expande la parte delantera,

los laterales y la parte posterior de tu torso inferior. Mantén la expansión. Exhala y relaja el cuerpo.

Parte B. Lóbulo medio

1. Ubica las manos en la parte inferior de las costillas, al frente. A medida que el pecho se expande, siente cómo se mueven hacia afuera. Exhala y enfócate en la forma en que el pecho regresa a su estado normal.
2. Ahora pon tus manos a los lados de tu pecho. Lleva toda tu atención a la expansión y contracción de los costados cuando respiras.
3. A medida que respiras y expandes el centro de la espalda, siente tu espalda contra la silla o contra la espalda de tu pareja o compañero. Exhala para relajar y regresar al tamaño normal.
4. En una sola respiración, expande el frente, los lados y la parte posterior del centro del pecho. Mantén la expansión. Exhala y observa cómo el cuerpo se contrae.

Parte C. Lóbulo superior

1. Pon tus manos sobre las clavículas. Inhala y expande el pecho, levantando los hombros al nivel de los lóbulos de las orejas. Exhala y relájate.
2. Introduce el dorso de las manos debajo de las axilas e inhala/expande, levantando otra vez los hombros. Exhala y regresa a la posición normal.
3. Siente el aumento de la presión de tus hombros contra la pared, contra una silla o contra tu pareja o compañero mientras inhalas. Sostén. Exhala y siente la disminución de la presión.
4. En una sola respiración, expande la parte superior de los pulmones—frontal, lateral y posterior—mientras levantas los hombros. Sostén la respiración por un momento, exhala y relájate.

Practica esta técnica de preparación hasta que te sientas cómodo y que sea natural para ti durante la expansión completa. En ese momento estarás preparado para pasar a la respiración completa.

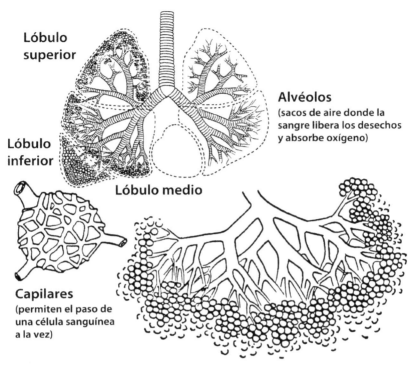

Lóbulo superior

Alvéolos
(sacos de aire donde la sangre libera los desechos y absorbe oxígeno)

Lóbulo inferior

Lóbulo medio

Capilares
(permiten el paso de una célula sanguínea a la vez)

3. Técnica de la respiración completa

Siéntate en postura de meditación (con las piernas cruzadas, en loto) o en una silla. Cierra los ojos y enfoca toda tu atención en el sacro. Siente cómo se mueve y se calienta a medida que respiras. Sé consciente de la conexión que existe entre el sacro y el Tercer Ojo.

a. Inhala por la nariz hasta llenar alrededor de tres cuartas partes de tu capacidad, expandiendo el vientre (a) y luego el pecho (b), como inflando un globo. Lleva tus hombros hacia arriba y hacia adelante para llenar la parte más alta de los pulmones (c).

b. Tensiona todos los músculos, incluyendo los glúteos. Mantén la posición durante el tiempo que sea cómodo para ti.

(a)

(b)

c. Haz una inhalación corta por la nariz. Esto libera la tensión y hace más fácil exhalar lentamente.

d. Exhala por la boca mientras te relajas. Contrae el vientre para vaciar los pulmones. Balancéate suavemente hacia adelante y hacia atrás sobre el sacro, masajeando el chakra raíz.

Repite este *pranayama* de siete a nueve veces.

Advertencia: no esfuerces los pulmones. Incrementa lentamente la duración con cada respiración. Si tienes la presión arterial alta, no contengas la respiración.

4. Prana Mudra

Este ejercicio despertará la energía vital latente (*prana Shakti*) y la esparcirá por todo el cuerpo. Te sentirás más vivo y fuerte. La energía extra aumentará tu magnetismo personal y tu salud física; además, te preparará para la meditación profunda.

Siéntate cómodamente, con la espalda recta. Pon los brazos sobre las piernas y cierra los ojos (a). Inhala y exhala por la nariz. Esto aumentará la energía en tu cuerpo.

1. Inhala profundamente, sostén y exhala completamente. Deja caer tu barbilla y levanta los hombros hacia arriba y hacia delante. Contrae el ano. Sostén.

2. Libera los bloqueos de los hombros, la barbilla y el ano a medida que inhalas a través de la raíz. Visualiza una columna de luz

plateada que sube hacia tu vientre. Sostén la respiración mientras la luz brilla y danza dentro de ti. Contrae la raíz y exhala mientras la luz baja de nuevo hacia esa zona. Haz el bloqueo de la barbilla, sube y rota los hombros y sostén.

3. Libera los bloqueos e inhala nuevamente la luz plateada. Deja que tus manos se levanten junto con la columna de luz hasta el ombligo (b). Sostén la respiración, contrae la raíz, exhala y baja tus manos mientras la luz desciende. Bloquea la barbilla, sube y rota los hombros y sostén.

4. Relaja los bloqueos, inhala, levanta la luz con tus manos y llévala hacia tu corazón. Sostén. Contrae la raíz, exhala, baja tus manos junto con la luz. Bloquea la barbilla, sube y rota los hombros y sostén (repite).

5. Libera, inhala y eleva la luz hacia tu garganta, sostén, contrae la raíz, exhala y baja la luz. Bloquea la barbilla, sube y rota los hombros y sostén.

6. Relájate e inhala la luz plateada directamente a tu cabeza. Extiende los brazos a los lados. Visualiza la luz irradiando paz a toda la humanidad (c) desde tu cabeza, desde la totalidad de tu ser.

7. Exhala y relaja los brazos. Deja una hermosa nube de luz brillante rodeando tu cuerpo.

8. Relájate y respira normalmente. Observa con detenimiento cómo se siente tu cuerpo. Acabas de experimentarte como un ser de luz. Esta es tu verdadera naturaleza. Has vuelto a casa.

9. Siéntate en silencio como el Ser luminoso que eres. Practica la Consciencia Testigo:

   a) Percibe los sonidos y aromas que te rodean. Simplemente observa.

b) Sé testigo de todas las sensaciones corporales, por ejemplo, en la piel, en los músculos, en los órganos.

c) Sé consciente del campo energético que rodea tu cuerpo físico.

d) Lleva la atención hacia tu interior y observa tus pensamientos mientras pasan por la mente. No hagas ningún juicio de valor, no hagas ningún esfuerzo para cambiarlos, solamente observa.

PRÁCTICA EN PAREJA

1. *Prana Mudra.* Se puede practicar con un compañero o compañera o con tu pareja. A medida que los brazos están extendidos e irradian luz, envíense esa luz el uno al otro. Permite que tu compañero te experimente como un ser de luz. Comparte la energía.

2. **Lectura del cuerpo energético.** Mientras ambos están en un estado de sensibilidad elevado, familiarícense con la energía del cuerpo energético del otro. Ubíquense frente a frente, en esquinas opuestas de la habitación. La mujer caminará lentamente hacia el hombre con las palmas de las manos hacia adelante. Ella comenzará a sentir que el aire se hace un poco más denso al estar a unos dos o tres metros de él. Suavemente entra en su cuerpo mental, manteniéndose disponible y atenta para captar las impresiones que puedan llegar en ese momento.

Ve comunicando todo lo que llegue a ti a medida que te acercas a él, sin estar esperando que lo que "sabes" sea lo correcto, solo diciendo cualquier cosa que venga a tu mente. Puede que veas colores, luces o manchas oscuras alrededor de él, así como símbolos, objetos, animales o cualquier cosa que se te ocurra. No trates de analizar ni de interpretar lo que ves o sientes, simplemente comunica las impresiones.

Estando a una distancia de 60 centímetros o medio metro de la otra persona, te sentirás en el límite de una capa aún más densa. Pídele permiso psíquicamente para entrar en su espacio energético, ya que puede sentirse amenazado y desear que se detenga la práctica. Cuando sientas que tienes permiso, ingresa en su cuerpo astral y continúa comunicando tus impresiones y sensaciones.

Cuando estés preparada, sintonízate con su cuerpo *pránico*, luego pon tus manos a una distancia de cinco a siete centímetros de su cuerpo. Ubica tu mano receptora frente a cada uno de sus *chakras*: pasa de los genitales al ombligo, luego al corazón, a la garganta y a la frente. En cada punto, nota la textura diferente de la energía. Algunos lugares pueden estar calientes, otros fríos, algunos se pueden percibir como suaves y otros punzantes. Dile lo que percibes y deja que responda.

Inviertan los roles y que ahora sea el hombre quien "lea" a la mujer. Puede que para él no sea tan fácil, pues no suele ser su manera natural de recopilar información, así que no debe comparar su "rendimiento" con el de ella. Disfruten cualquier cosa que venga y comuníquenlo. Permitan que su lado intuitivo se ejercite un poco, pues no tienen nada que perder.

3. **La respiración completa para retrasar el orgasmo.** En este punto, pueden hacer el amor. Es posible que queden gratamente sorprendidos por el nivel de intimidad que pueden alcanzar. Cuando sientas que el orgasmo está cerca, activa la respiración completa para que la energía vaya hacia arriba y se disperse por todo el cuerpo. Esto va a retrasar el clímax y te permitirá acceder a un nivel más alto. Cuando llegues al clímax, será más intenso.

Haz consciencia acerca de la manera en la que la respiración acelerada provoca la excitación y la tensión muscular, y de cómo la respiración lenta produce un placer más profundo y relajante. Observa cómo fueron los patrones de tu respiración mientras hacías el amor.

CONSCIENCIA

1. **Hazte consciente de tus patrones de respiración** en diferentes situaciones. Observa cuándo respiras superficialmente y cuándo contienes la respiración por completo. Advierte qué haces cuando tienes miedo (súbete a una montaña rusa o ve una película de terror), toma nota de tus reacciones ante la ira o la irritación (esperando en una fila o ante un conductor desconsiderado). ¿Cuál es tu ritmo normal cuando estás absorto en el trabajo? ¿Qué pasa cuando ves televisión?

2. **Cada vez que te des cuenta de que estás conteniendo la respiración,** haz una respiración completa y llénate de luz y consciencia. Observa cómo el mundo a tu alrededor se transforma. Se dice que si logras permanecer consciente de cada respiración durante todo un día, alcanzarás la iluminación.

3. **Cuando alguien te irrita** es probable que sea porque:

   a. Ves en el otro una parte de ti mismo que no te gusta. Te niegas a ver esa cualidad en ti mismo y no te agrada verla en otra persona.

   b. La forma en la que esa persona te maltrata es un espejo de la manera en la que tú mismo te maltratas.

   c. Esa persona te recuerda algunos agravios a los cuales estás apegado: alguien a quien no has perdonado, algunas limitaciones con las cuales no has hecho las paces.

   d. Esa persona no te va a permitir tergiversar la verdad como habitualmente lo haces, no va a caer en tus juegos, no va a apoyar tus delirios favoritos, ni va a ignorar lo obvio.

Cualquier situación perturbadora puede ser utilizada en beneficio propio o puede desaprovecharse. Puedes mirar en tu interior para comprender qué temores, heridas o rabias enterradas han sido reactivadas y han salido a la superficie, o bien puedes mirar hacia el exterior y culpar a alguien más por haber abusado de ti. Es posible que aprendas y crezcas a partir de las situaciones que se te presentan, o bien puedes perder esa oportunidad. De ser así, el universo tendrá que pasar por la dificultad de producir la situación una y otra vez hasta que finalmente seas consciente de ella. Cuando te des cuenta de que alguien te genera angustia, agradécele a esa persona por <u>ser tu maestro o maestra</u>. Siendo <u>exactamente como es,</u> ha "presionado un botón" en tu subconsciente. Ahora ese "botón" puede volverse consciente y tú habrás dado un paso más hacia tu liberación.

LECCIÓN 3

Asanas: cargando el cuerpo
con energía *pránica*

La mayoría de los norteamericanos asocian la palabra "*yoga*" con las complejas posturas que ven en la televisión. Estas posturas proceden de una tradición muy antigua. Fueron diseñadas con el fin de preparar al cuerpo para largos periodos de retiro de los sentidos y maratones de meditación. Los métodos fueron desarrollados para los cuerpos de la antigua India, los cuales eran bastante diferentes en sus patrones vibratorios de los cuerpos en nuestro mundo occidental moderno. Incluso si estas prácticas fueran apropiadas para las energías de nuestro cuerpo, no muchos de nosotros tratamos de meditar tres o cuatro horas al día.

Los indios siempre se sientan en cuclillas, incluso para comer sus alimentos. Ellos están preparados para sentarse cómodamente en posición de loto. Un cuerpo occidental debe estirar esos músculos. El dominio de las posturas es un proceso largo y tedioso que requiere la supervisión de un buen maestro o maestra y más disciplina de la que muchos de nosotros tenemos. Ciertas personas simplemente son demasiado rígidas para asumir esas posturas.

En el Tantra, no tienes que sentarte en posición de loto. Puedes hacerlo en cualquier posición que sea cómoda para ti, siempre y cuando tu columna esté recta. No pienses que no puedes hacer yoga si no puedes realizar posturas extrañas, no es necesario.

Una rutina constante de *Hatha Yoga* te hace demasiado pasivo. Necesitas equilibrarte con algo más dinámico. Vivimos en un mundo dinámico y necesitamos un camino espiritual acorde. Aquellos que piensan que van a salvar al mundo solo con sentarse a meditar se están engañando. Se necesita acción, energía y juventud.

Tradicionalmente, el *Hatha Yoga* ha sido el medio por el cual los yoguis han dominado el cuerpo físico denso. Los *Rishis*—los hombres santos que se encuentran en lo alto del Himalaya—practican un sistema más avanzado de *Hatha*.

Estos sencillos movimientos que casi cualquiera puede realizar te proporcionarán el principal beneficio de salud que ofrece el *Hatha Yoga* (estiramiento y relajación de la columna vertebral), pero son más eficientes y dinámicos. La médula espinal es el punto de origen de todas las experiencias trascendentes. Cuando comiences a despertar la *Kundalini*, experimentarás la sensación de cosquilleo de la energía subiendo y bajando por la columna.

La energía *Kundalini* estimula las glándulas endocrinas. Su mayor rendimiento rejuvenece y revitaliza el cuerpo físico. Uno de los productos derivados del *Tantra* es su capacidad para retrasar el proceso de envejecimiento, que se rige por las glándulas endocrinas. Si estás en el camino correcto, tu práctica diaria debe incluir algo para estimular el sistema endocrino. Estos *asanas* también fortalecen los cinco órganos principales que preservan nuestra vida.

Los Isométricos *Rishi* son un sistema de posturas que está dirigido al estilo de vida occidental y que tienen un efecto maravilloso en el cuello y los hombros. Para aquellos que pasan la mayor parte de su vida laboral en un escritorio, la rigidez de los músculos de los hombros se convierte en una condición crónica. La energía no puede fluir a través de músculos tensos, así que debes aprender a relajarlos. En cada uno de nosotros existen tensiones musculares que nunca se relajan, músculos que han estado contraídos por tantos años que hemos olvidado cómo se siente cuando están relajados. Cuando por fin dejamos ir las tensiones, comenzamos a experimentar un sorprendente flujo de energía.

Los Isométricos *Rishi* utilizan el principio de la tensión dinámica para energizar el cuerpo. En lugar de relajarte en una posición como lo hace el *Hatha Yoga*, pones a trabajar un músculo contra otro isométricamente. Cuando los músculos están tensos, el fluido de sangre está restringido. Cuando esta tensión se relaja (en coordinación con la respiración), el músculo recibe una oleada repentina de sangre rica en oxígeno y cargada de *prana* (energía vital). Esto nos da una sensación de fluidez, de felicidad total. El *Tantra Kriya Yoga* es la unión a través de la acción. Al entrar en un estado profundo de relajación, estás creando energía.

Estos movimientos son particularmente beneficiosos para eliminar los desechos del sistema linfático. Cualquier movimiento de los músculos aprieta esos vasos y empuja el material de desecho hacia el corazón para su eliminación. Este conjunto de ejercicios se enfoca en esas aéreas del cuerpo en las que los ganglios linfáticos son más numerosos (la garganta, las axilas, la ingle) y exprime los contenidos estáticos de los ganglios.

Enseñamos estos ejercicios físicos con el fin de preparar el cuerpo para la iniciación y para hacer el amor tántricamente. Acondicionamos nuestros cuerpos para que tengan resistencia para cuando entremos en un encuentro sexual. Un cuerpo descuidado o tóxico no puede contener las poderosas energías superiores, así que estará mejor preparado al hacer ejercicios internos. Los aeróbicos y el levantamiento de pesas tienen algún valor, pero pueden ser peligrosos, son muy extenuantes y ponen tensión en el cuerpo, lo cual simplemente no es necesario. Puedes obtener un mayor flujo de energía haciendo movimientos muy suaves.

Cuando los occidentales trabajan sus cuerpos físicos, se ocupan principalmente de la forma externa: definición muscular, distribución de la grasa y fuerza física. Trabajan de forma mecánica, con la mente en otra cosa. Cuando los yoguis hacen prácticas físicas, lo hacen con la intención de llevar la consciencia adentro del cuerpo. Llegan a volverse sensibles a todas las funciones corporales y se sienten agredidos por cualquier toxicidad u obstrucción, de modo que trabajan para purificar cada órgano y sistema para que pueda funcionar de manera óptima.

A medida que dominas el cuerpo físico, debes pasar de la consciencia externa a la interna. A partir de este punto, es muy sencillo tomar consciencia del cuerpo etérico y de los flujos de energía sutil que estimulan la dimensión física. Los movimientos limpian el cuerpo etérico, estimulando ciertos *nadis* (canales de energía) y sub-*chakras*.

PRÁCTICA INDIVIDUAL

1. **Isométricos *Rishi*.** Utiliza estos *asanas* antes de la meditación para relajar, estimular y preparar el cuerpo. Mantente totalmente presente, consciente de cada respiración, con tu mente enfocada en el movimiento y en la energía que se produjo. Mantén el maxilar relajado y los pies paralelos. Muévete lentamente y con gracia. Haz cada parte al menos tres veces, máximo siete. <u>Siempre inhala a través de la nariz y exhala por la boca.</u>

Nota: Si tienes problemas del corazón o presión arterial alta, haz cada movimiento muy lentamente.

<u>Parte A. Estiramiento</u>

1. Para abrir la parte frontal de los pulmones: al inhalar (por la nariz), ubica tus brazos a los lados y luego sobre tu cabeza. Estírate hacia arriba, poniendo tus pies en puntillas. Extiende la columna vertebral. Presiona las palmas de las manos, una contra la otra, para crear una tensión dinámica en los brazos y las axilas (eventualmente aprenderás a apretar todos los músculos del cuerpo). Sostén la respiración y la tensión durante unos segundos. Al exhalar (por la boca), baja los brazos. Repite dos veces más.

2. Para abrir la parte posterior de los pulmones: inhala y estira hacia arriba, como en el ejercicio anterior, pero esta vez hazlo presionando el dorso de las manos sobre tu cabeza. Siente la tensión en los hombros. Inhala, presiona y sostén la respiración, exhala y relájate. Repite el ejercicio. Relaja y percibe la sensación en tus brazos y hombros.

Parte B. Curva lateral

1. Estira el lado izquierdo: adopta una postura más amplia separando un poco los pies. Mientras inhalas, estira los brazos sobre la cabeza y entrecruza los pulgares, halando un pulgar con el otro para crear tensión dinámica. Mientras exhalas (por la boca), dóblate lentamente hacia el lado derecho, manteniendo los codos alineados con las orejas. Deja caer la cabeza hacia el lado. Siente la línea de tensión desde el borde de tu pie hasta la punta de los dedos. Siente la tensión en la ingle. Sostén la respiración, mantén la tensión por unos segundos. Al inhalar (por la nariz), regresa a la posición erguida con los brazos sobre la cabeza y manteniendo la tensión. Repite dos veces o más. Repite dos veces o más. Con la última exhalación, relaja las tensiones.

2. Estira el lado derecho: levanta los brazos sobre la cabeza, invirtiendo la posición de los pulgares. Hala para crear tensión y flexiónate despacio hacia la izquierda. Sigue las instrucciones del ejercicio anterior.

3. Relaja los brazos a los lados. Enfócate en el movimiento de la energía.

Parte C. Flexión hacia delante

1. Entrelaza los pulgares por detrás de la espalda, halando uno contra el otro. Da un paso hacia delante con el pie izquierdo. Durante la exhalación (por la boca), inclínate hacia adelante, levantando los brazos tan alto como te sea posible. Levanta la barbilla para sentir la tensión en la garganta. Siente la tensión en la ingle. Flexiona la rodilla si es necesario. Siente el estiramiento desde el sacro hasta la base del cráneo. Sostén la tensión durante unos segundos. Mientras inhalas (por la nariz), regresa a la postura erguida, con los pulgares todavía entrelazados, relajando la tensión. Repite dos veces más. A continuación, regresa los brazos a los lados del cuerpo, pon los pies juntos y relájate completamente.

2. Intercambia la posición de los pulgares y hala para crear tensión.

Da un paso hacia delante con el pie derecho y sigue las instrucciones del ejercicio anterior.

3. Enfócate por un momento en el movimiento de la energía, en la sensación de fluidez.

Parte D. Doblarse hacia atrás

1. Ubica los pies en paralelo. Al inhalar, une las palmas de las manos al frente, presiónalas una contra la otra y levántalas por encima de la cabeza. Conteniendo la respiración, deja caer la cabeza hacia atrás y arquea la espalda tanto como te sea posible, manteniendo la tensión en los brazos. Tensiona todo el cuerpo y enfócate en el sacro. Sostén la respiración y mantén la tensión.

2. Exhala (por la boca) mientras regresas a la posición vertical. Relaja las tensiones, manteniendo los brazos extendidos sobre la cabeza. Inclínate hacia adelante hasta que el torso y los brazos estén paralelos a la tierra. Estira los brazos y la columna, sentirás la energía subiendo rápidamente por ella. Repite dos veces más.

3. Después de la última exhalación, deja caer el cuerpo hacia adelante y quédate colgando como si fueras una muñeca de trapo.

Parte E. Torsión espinal

(Una alternativa al quinto Rishi).

1. Ponte de pie con los pies al ancho de los hombros. Cuando exhales, gira lentamente el torso y la cabeza hacia la derecha. Dirige la palma de la mano derecha hacia la tierra y la de la mano izquierda hacia el cielo, presionando hacia arriba y hacia

el lado derecho de forma transversal al cuerpo. Sostén la respiración y estírate, contando hasta cuatro.

2. Durante la inhalación, regresa lentamente a la posición central, relajando todas las tensiones y manteniendo las manos al nivel de la cintura.

3. Luego, gira hacia la izquierda durante la exhalación, dirigiendo la palma de la mano derecha hacia el cielo y la de la izquierda hacia la tierra. Mantén la tensión, después regresa, relájate y vuelve al centro durante la inhalación.

4. Repite los pasos 1 a 3 dos veces más.

2. La respiración limpiadora

Quienes viven en un ambiente con aire contaminado, quienes fuman o solían fumar o que comparten su espacio con fumadores (¿me falta alguien?), tienen una acumulación de residuos en sus pulmones. Recuerda que los pulmones no tienen una salida. Cualquier cosa que entre en tu boca eventualmente puede salir, pero esto no ocurre en el caso de los pulmones. Nuestra intención es traer más *prana* al cuerpo, y para ello los pulmones deben limpiarse de modo que funcionen con la máxima eficiencia.

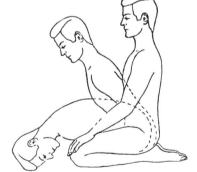

La respiración purificadora libera las toxinas acumuladas junto con las que se forman cada vez que mueves tu cuerpo. Después de hacer los *asanas*, realiza esta respiración siete veces.

1. Siéntate sobre los talones con las manos sobre los muslos. Inhala profundamente por la nariz y retén el aire hasta la cuenta de seis.

2. Comienza a inclinarte hacia delante mientras liberas parte del aire por la nariz con una contracción del diafragma. Repite este movimiento tres o cuatro veces.

3. Cuando parezca que el aire ha sido expulsado por completo y tu cabeza esté tocando el suelo, continúa contrayendo el

diafragma hasta que sientas que no queda más aire por expulsar. Presiona tus dedos contra el plexo solar para así garantizar la última salida de aire.

4. Suavemente, retoma la posición vertical mientras tomas aire nuevamente.

PRÁCTICA EN PAREJA

1. Los **Isométricos *Rishi*** pueden practicarse también en pareja o con un compañero. Basta con mantener el contacto visual durante los ejercicios. Cuando dejes de sentir la energía fluyendo a través de tu cuerpo, hazte consciente también de la energía que se mueve en el cuerpo de la otra persona.

2. **Los *asanas* como posiciones sexuales.** El yoga surgió del *Tantra*. Muchos *asanas* de *yoga* son realmente posiciones sexuales. Toma tu libro de posturas de *yoga* y observa cómo muchas de ellas funcionarían como posiciones sexuales. Consigue un libro de arte erótico de la India (como el *Kama Sutra* o alguno similar) y mira las posiciones de las parejas. Cuanto más salvajes, mejor. Esto es solo por diversión, pero también puedes encontrar una que valga la pena incluir en tu repertorio. Realmente hay docenas de posiciones coitales con nombres de *asanas*. Sin embargo, no vamos a ocuparnos de ellas en este libro.

3. **El trueno.** Siéntense sobre sus talones de manera que los de la mujer presionen su clítoris y los del hombre presionen el punto entre el ano y los testículos. Si esto no les resulta cómodo, enrollen una toalla o una almohada pequeña para aplicar presión sobre esas áreas.

Entrelaza tus dedos con los de tu pareja o compañero. A medida que inhalan lentamente, contraigan el ano, lleven sus manos unidas por encima de sus cabezas y levántenlas hasta su altura máxima. Mientras exhalan lentamente, relajen el ano, siéntense nuevamente sobre sus talones y lleven las manos a la altura de sus hombros.

Continúen estirándose y recostándose durante tres a cinco minutos. Cada vez que bajen, enfóquense en la presión sobre sus genitales. Al finalizar, abrácense y permitan que sus cuerpos se relajen en el suelo.

Descansen en los brazos del otro y sientan cómo se mueve la energía.

4. **Masaje *Anahata*.** Siéntense sobre los talones o sobre la toalla, como en el ejercicio anterior. Toquen el centro de su pecho (glándula del timo) durante un minuto con las yemas de los dedos para despertarlo. Mantengan el contacto visual con su pareja mientras flexionan la parte superior de la columna vertebral, moviéndola hacia adelante y hacia atrás. Inhalen mientras llevan los hombros hacia atrás, relajen el ano e inclinen la cabeza hacia atrás. Exhalen mientras llevan los hombros hacia

adelante, contraigan el ano y dejen caer ligeramente la cabeza. Están abriendo y cerrando el pecho, masajeando la glándula del timo. A medida que se mueve, la mujer estimula sus pezones. Respiren y muévanse despacio durante tres a cinco minutos. Finalicen con una Respiración Completa y tómense un momento para disfrutar de la energía.

5. **Armonización del Tercer Ojo.** Acuéstense de lado con las frentes tocándose. Coordinen su respiración de manera que cuando uno inhale, el otro exhale. Concéntrense en enviar energía al exhalar y en recibirla al inhalar. Continúen durante tres a cinco minutos.

CONSCIENCIA

1. **Tomar consciencia de las tensiones musculares.** A medida que avanzas en tu rutina diaria, toma consciencia de las tensiones, particularmente las de los hombros y el cuello. Haz algún estiramiento de los Isométricos *Rishi* junto con una respiración profunda

cada vez que te des cuenta de que estás tenso o rígido. Acostúmbrate a la experiencia de funcionar sin tensión. Recuerda que estos ejercicios no están aislados de tu vida. Podrías vivir cada momento de forma meditativa si no existieran las tensiones que bloquean la energía.

2. **Usando la tensión como defensa.** Las tensiones musculares proporcionan un tipo de armadura para protegernos de los agravios de la vida. Toma consciencia de la forma en que la armadura está limitando tu campo de acción y restringiendo tu amplitud de consciencia, quizás hayas superado la necesidad de tener toda esa protección.

   La tensión es lo que mantiene la cohesión de tu ego. Si realmente buscas trascenderlo, es el momento de tomar consciencia acerca de cómo tú mismo te limitas a medida que contraes los músculos.

3. **Entrando en tu cuerpo.** Cuando sientas un malestar físico (dolor de cabeza, indigestión, estreñimiento, etc.), date cuenta de que tu cuerpo físico está tratando de llamar tu atención. En lugar de ir por un medicamento para apagar la señal que recibes, busca en tu interior para ver qué está pasando. En muchos casos, llevar la consciencia a la zona que está sufriendo bastará para llevar allí la energía adicional necesaria para resolver el problema.

LECCIÓN 4

La unidad cósmica
de los opuestos

Vivimos en un mundo de dualidad. La estructura de cada forma de vida y todos los procesos de la mente y del cuerpo tienen aspectos femeninos y masculinos, opuestos y complementarios. Esta es la Obra Divina en la que las partes danzan entre sí, poniendo en escena el drama de estar incompletas, buscando cómo completarse. Esta polaridad establece una tremenda fuerza cósmica. Sin embargo, la dualidad es la fuente de todo sufrimiento, puesto que estar incompleto es bastante doloroso. El Tantra es el tejido que forman lo femenino y lo masculino —las energías positivas y negativas—con el fin de retornar a la unidad cósmica vibrando en unidad.

La mitología hindú personifica el aspecto masculino como Shiva, quien mora sobre de la coronilla de la cabeza, y el femenino como Shakti, que duerme en la base de la columna vertebral y es simbolizada por una serpiente, la *Kundalini*. Mediante un gran esfuerzo, *Shakti* debe despertar y llevar a cabo el arduo camino de ascenso por la espina dorsal. Cuando finalmente ella se reúna con *Shiva*, vivirán para siempre en un estado de éxtasis trascendente. Solamente a través de la mujer, el hombre puede alcanzar la iluminación, ya que ella es el principio dinámico. Por tanto, en el *Tantra* se venera la energía femenina, simbolizada por la Madre Divina (al igual que en todas las mitologías, estas historias y deidades únicamente simbolizan aspectos de la naturaleza humana que no deben ser tomados literalmente).

Nuestra cultura le rinde culto a la energía masculina. La tecnología informática, la descomposición de la vida familiar, las profesiones técnicas cada vez más abstractas y la contaminación de la tierra, entre otras manifestaciones, muestran la preponderancia de los principios masculinos y el desprecio por los femeninos. Las mujeres, en busca de reconocimiento, simplemente han actuado como hombres, abandonando el poder de su energía femenina. Esto solo ha empeorado las cosas. Nuestra cultura está enferma porque las energías están completamente desequilibradas. La tecnología de alta potencia, sin respeto por la vida, es muy peligrosa, así que se necesita desesperadamente el punto de vista del *Tantra*.

La dualidad en las relaciones. Cada individuo es una mezcla de rasgos masculinos y femeninos. En nuestras relaciones sexuales buscamos la totalidad, eligiendo una pareja que complemente nuestra propia energía. Podemos aprender de nuestra pareja, a manifestar nuestros aspectos latentes. Después de muchos años de matrimonio, algunas parejas se ven y actúan de la misma manera. Cada uno adopta características del otro y se encuentran en un punto medio entre polos opuestos.

Masculino	Femenino
Shiva/Padre Cósmico	*Shakti*/Madre Cósmica
Lingam/genitales externos	*Yoni*/genitales internos
Proyectivo	Receptivo
Consciencia cósmica	Energía cósmica
Alma universal	Alma individual
Espíritu	Naturaleza
Positivo	Negativo
Quietud	Actividad
Solar/calentamiento	Lunar/enfriamiento
Fosa nasal derecha/*Pingalá*	Fosa nasal izquierda/*Idá*
Hemisferio cerebral izquierdo	Hemisferio cerebral derecho
Sistema nervioso simpático	Sistema nervioso parasimpático
Eléctrico	Magnético

Masculino	**Femenino**
Ácido	Alcalino
Descarga energía	Retiene energía
Prefiere el sexo fuerte/crudo	Prefiere sensualidad cariñosa
Racional/lógico	Intuitiva/emocional
Lineal/detallado	Holístico/difuso
Abstracto/pensativo	Pragmática/realista
Necesita la aventura	Quiere seguridad
Da amor para recibir sexo	Da sexo para recibir amor
Cosifica a la pareja sexual	Personaliza a la pareja sexual

No es fácil desplazarse hacia el lado que permanece latente. Algunas parejas están altamente polarizadas y permanecen estancadas debido a que alguno de ellos (o ambos) no está dispuesto a renunciar a su rol.

Una de nuestras estudiantes, una señora hermosa y elegante de aproximadamente sesenta años, se mostraba inquieta al finalizar cada clase. Al parecer, su esposo, con quien llevaba muchos años, no le permitía estar fuera de casa después de las diez de la noche. Incluso llegar a esa hora era una concesión por la que había luchado durante mucho tiempo, pues este hombre controlador la quería en casa, disponible para él, luciendo siempre hermosa.

Eso estuvo bien para ella varias décadas atrás, cuando crearon su contrato implícito por primera vez. En ese entonces ella se sentía cómoda siendo totalmente pasiva y dejando que él se encargara de todo. Sin embargo, había madurado y estaba preparada para asumir un papel más activo, pero él no estaba dispuesto a darle ese espacio. Para proteger la relación, ella no se permitía explorar sus propios límites y él no estaba dispuesto a compartir sus experimentos con nuevos pensamientos e ideas. Ambos estaban atrapados.

Decir que los hombres son de una manera y las mujeres de otra es excesivamente simplista. Podemos definir las cualidades de las polaridades masculina y femenina y observar que en la mayoría de las mujeres predominan las características femeninas y que la mayoría de los hombres presenta rasgos masculinos. Sin embargo, muchas personas en cuerpos femeninos expresan cualidades muy masculinas, rechazando su feminidad y muchas personas en cuerpos masculinos expresan una gran feminidad, rechazando su energía masculina. Incluso, en muchas relaciones, la mujer es la fuerza masculina y el hombre es más femenino. Entre ellos hay un equilibrio.

Encontrar el balance y la unión entre tu *Shiva* y tu *Shakti* internos es tu misión final. Algunos terapeutas estimulan a las mujeres para que sean más femeninas y a los hombres para que sean más masculinos, asumiendo que la relación va a mejorar al aumentar la polaridad. El enfoque tántrico consiste en expandirse, no en polarizarse más. Tanto la energía masculina como la femenina, por sí solas, son patológicas, así que debemos lograr un equilibrio interno. Solo cuando hayamos dominado las dos energías y las manifestemos cómodamente, podremos adaptarnos a cada momento: en una situación muy emotiva, estás ahí para sentirla, en un intercambio intelectual, estás allí para entenderlo. Solo cuando nos damos cuenta de que estamos completos en nuestro interior, entramos en contacto con nuestra divinidad.

LA DUALIDAD DE NUESTRA ANATOMÍA ETÉRICA

Los *Nadis*. "*Nadi*" es la palabra en sánscrito para "flujo de la energía astral". Los *nadis* forman una red de 72.000 circuitos que transportan corrientes eléctricas sutiles (prana) a todas las partes del cuerpo físico a través del cuerpo *pránico*, manteniendo las células saludables y vitales. Ellos corresponden al sistema de meridianos y están relacionadas con el sistema nervioso.

Cuando una parte del cuerpo se contrae, indica que el flujo de energía tenía un bloqueo que está siendo liberado, lo cual tiene un efecto sobre los nervios. Esto recibe el nombre de *Kriya*. Uno de los primeros pasos en *yoga* consiste en desbloquear los *nadis* de manera que la energía pueda fluir libremente a través de ellos. Esto se logra a través de los Isométricos *Rishi* y las técnicas de *Nadi Kriya*. (Consulta la lección 5).

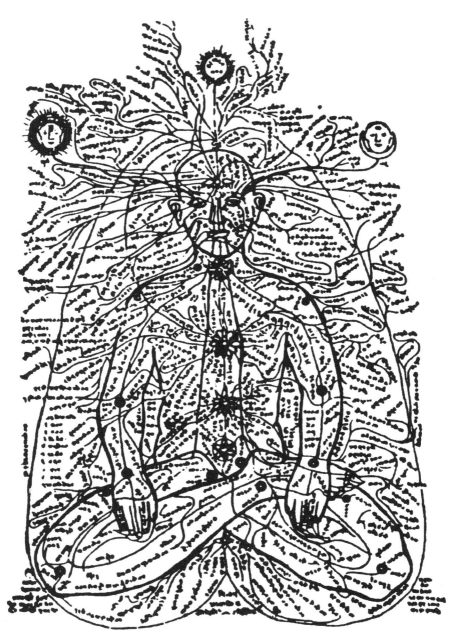

Diagrama antiguo de las corrientes de los nadis y los chakras.
Los nombres están escritos en sánscrito.

Los tres *nadis* principales reciben el nombre de *Idá*, *Pingalá* y *Sushumná*. *Idá* transporta la energía femenina hacia arriba por el lado izquierdo de la columna vertebral y *Pingalá* lleva la energía masculina por el lado derecho y hacia abajo por medio de conexiones a cada uno de los centros de energía situados a lo largo de la espina dorsal.

Las serpientes entrelazadas del Caduceo simbolizan a *Idá* y *Pingalá*. Los dos canales comienzan en el perineo (entre el ano y los genitales) y se encuentran otra vez en la base de la nariz. *Sushumná*, el canal central, recorre la columna vertebral en sí misma y transporta la *Kundalini*. Solo cuando las energías masculina y femenina están completamente equilibradas, el prana se vierte dentro de *Sushumná*, para ser llevado hacia arriba, al cerebro; esto es lo que se entiende como el despertar de la *Kundalini*.

Idá se activa a través de la fosa nasal izquierda. Se imparte una carga negativa al prana, que es inhalado a través de esa fosa nasal por medio de los cilios que revisten sus paredes. Esta energía se llama femenina o lunar. Respirar exclusivamente a través de *Idá* promueve un estado de ánimo receptivo y refrescante, una energía suave, pero dinámica y compasiva. Además, estimula el cuerpo pránico (emocional). Esta es la energía de la tierra y gobierna la mitad inferior del cuerpo, la espalda y el lado izquierdo.

Pingalá se activa a través de la fosa nasal derecha. Los cilios en esta fosa nasal imparten una carga positiva, llamada masculina. Respirar únicamente a través de *Pingalá* invoca la claridad y la visión creativa. Estimula el cuerpo mental abstracto.

Es la energía del sol que trae luz y calor. Rige la parte superior del cuerpo, la parte delantera y el lado derecho.

Las personas que tienen el hábito de respirar por la boca no obtienen la energía pránica negativa y positiva y tienden a ser letárgicos y enfermizos.

Sushumná es el *nadi* que avanza a lo largo de la parte central hueca de la columna vertebral y el canal que transporta el líquido cefalorraquídeo. Comienza en el depósito de dicho líquido que se encuentra en la base de la columna, sube hasta el bulbo raquídeo, luego pasa por el puente psíquico hasta el centro del cráneo (la cueva de *Brahma*) y sale por el chakra corona. *Sushumná* se activa cuando tanto *Idá* como *Pingalá* están abiertos. Debes aprender cómo cargar este fluido con energía positiva y negativa a través de las fosas nasales derecha e izquierda a medida que respiras simultáneamente por *Idá* y *Pingalá*. Este fluido cargado luego sube por la columna para activar los centros de energía (*chakras*). Al llegar al cerebro, despierta las células inactivas. Cuando las neuronas se activan por primera vez, experimentas olas de expansión. Se siente como una cubierta alrededor de tu cabeza. Cuando la energía se precipita hacia *Sushumná*, te sumerges en un éxtasis total, *Samarasa*. En ese momento, si utilizas una técnica avanzada, la consciencia puede salir a través de la Puerta de *Brahma* (*chakra* corona) y elevarse al espacio cósmico.

Lograr el equilibrio. Einstein recibió intuitivamente su Teoría de la relatividad (femenino) y poseía la habilidad matemática para expresarla intelectualmente (masculino). Este es un verdadero genio. Al respirar simultáneamente a través de Idá y Pingalá, equilibras el uso de los hemisferios cerebrales derecho e izquierdo. Aprendes a balancear las energías mediante la práctica del *Nadi Shodhana*, la respiración de la unión, una de las técnicas más importantes en el camino hacia la consciencia cósmica.

Cuando se produce la iluminación (consulta Matrimonio *Tántrico*, Lección 5) estos dos hemisferios, que habían estado operando independientemente uno del otro, experimentan una transformación neuronal. El conjunto de nervios que los conectan entra en juego y les permite comunicarse entre sí para trabajar de manera cooperativa, en lugar de hacerlo alternadamente.

Toda enfermedad física o trastorno mental implica un desequilibrio entre las energías femenina y masculina. Restaurar ese balance tiene un valor curativo impresionante.

El flujo de la respiración sigue una sucesión de ciclos que están descritos en el sistema *tántrico Swara Yoga*, la ciencia que habla de la respiración nasal consciente, con base en patrones de alternancia entre las fosas nasales. Normalmente, una persona respira aproximadamente quince veces por minuto, o 21.000 respiraciones en un día. Hay una alternancia natural entre las fosas nasales, cada una de las cuales es la dominante en intervalos de cuarenta y cinco minutos. En el momento en que cambia el dominio de la una a la otra se da un instante de equilibrio.

Durante el día fluye más *prana* a través de los caminos energéticos del cerebro. El flujo concentrado desciende por el lado derecho de la columna vertebral y es solar. A partir del mediodía, el *prana* fluye por el lado izquierdo y es lunar. Esto sucede porque los primeros seis periodos están controlados por el sol y los otros seis por la luna. Por esta razón, el medio día y la media noche son los dos momentos de mayor equilibrio entre las corrientes de energía pránica solar y lunar, lo que produce un flujo más fuerte de la *Kundalini* en *Sushumná*. Estos son los mejores momentos para hacer la meditación de la Respiración Cósmica Cobra.

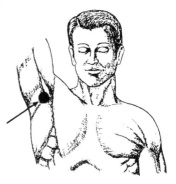

Puedes controlar cuál energía se manifiesta eligiendo el canal que usarás. Si quieres ser más intuitivo (femenino), bloquea la fosa nasal derecha con tu dedo o con una bola de algodón y respira solamente por la fosa izquierda. Si necesitas ser más analítico (masculino), entonces respira solamente por la fosa derecha. Puedes girar la cabeza hacia la derecha para estimular la fosa nasal izquierda y viceversa.

También puedes suprimir la fosa nasal activa presionando el pulgar directamente sobre el nervio principal de la axila del lado activo. Los *yoguis* llevan consigo un palito para este propósito.

Otra técnica para abrir simultáneamente las dos fosas nasales es hacer patadas de tijera. Mientras estás acostado boca abajo, balancea

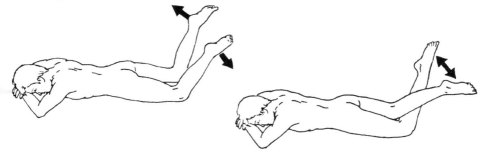

los pies hacia afuera hasta que sientas un suave tirón, luego muévelos en la dirección contraria para que se crucen. Repite estos movimientos durante cinco a diez minutos. No solamente se van a equilibrar tus fosas nasales, sino que también te darás cuenta de que los senos paranasales congestionados se van a despejar.

Mediante el control del flujo de la respiración, podemos regular la manifestación de la *Kundalini Shakti* (fuerza vital) en nuestro cuerpo. La profundidad de la Respiración Completa, la Respiración de Unión y la Respiración de Carga, realizadas antes de la Respiración Cobra, sobrealimentan con fuerza vital los sistemas respiratorio, nervioso, venoso y el sistema de los meridianos. Esto aumenta la capacidad de las células para infundir más prana y excretar los productos de desecho, lo cual, a su vez, genera una vida más energizada y prolongada.

Las técnicas del *pranayama tántrico* unen la facultad mental de la consciencia con los flujos de la fuerza vital en nuestros cuerpos. Cuando nos hacemos conscientes de la respiración, esta cambia por sí misma: se hace más lenta y se vuelve más larga y profunda, inundando nuestros circuitos de energía sutil (nadis) con la esencia de fuego de la *Kundalini Shakti*. Cuando aprendes a ser más consciente de la respiración, te haces más consciente de la vida.

El *Vishnu Yantra* o estrella de David, representa la unión de lo masculino y lo femenino, de la mente y el cuerpo. Este es el yantra que utilizamos para estimular el chakra del corazón, el punto de equilibrio entre los tres *chakras* inferiores (físicos) y los tres *chakras* superiores (espirituales). Una interpretación *tántrica* de ese símbolo ve las seis puntas de la estrella como los órganos sexuales primarios.

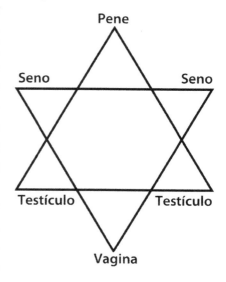

La palabra "sexo" viene del latín "sexus", que significa división. El mundo material existe debido a la interacción entre la energía eléctrica (masculina) y la energía magnética (femenina), la oscilación entre las fuerzas centrífugas expansivas (masculinas) y las fuerzas centrípetas contractivas (femeninas).

Cuando la polaridad entre lo femenino y lo masculino se funde en la unión sexual, vislumbramos por un momento el regreso a la unidad eterna.

PRÁCTICA INDIVIDUAL

1. **Equilibrando el Tercer Ojo.** El Tercer Ojo es el portal masculino de *Ajna*, el sexto *chakra*. La Boca de Dios (en la base del cráneo) es la entrada femenina. Al unir sus energías opuestas y complementarias puedes experimentar el verdadero color de la Consciencia Cósmica.

   a) Imagina una esfera brillante de luz dorada delante de tu frente. A medida que inhalas por la nariz, siente cómo esa energía entra por el Tercer Ojo hacia el centro de tu cabeza, trayendo calidez y luminosidad a la Cueva de *Brahma*. Exhala suavemente, dejando esa luz dorada en tu cerebro.

   b) Repite esto cuatro veces más, incrementando la intensidad de la luz dorada.

   c) Imagina una esfera de luz plateada en la parte posterior de tu cuello. Al inhalar, siente cómo esa energía se introduce a través de la Boca de Dios hasta el centro de tu cabeza para mezclarse con la luz dorada.

   d) Repite cuatro veces más.

   e) Siéntate en silencio, sintiendo que eres uno con el Cosmos.

   f) Pon especial cuidado en tomar nota de tus sueños después hacer esta práctica, su contenido es realmente extraordinario.

2. **Meditación *Shiva-Shakti*.** Mientras haces esta meditación, respira llevando tu atención al entrecejo. Con cada inhalación, enfócate en sentir la energía elevándose hacia ese centro clarividente de la mente. Durante la retención, siente la expansión, como un sol irradiando en todas las direcciones con cada latido de tu corazón. Puede que escuches o sientas un campaneo o un zumbido en el

cerebro o en los oídos: es "la *Nada*" (corriente de sonido cósmico). Si lo escuchas, concéntrate en ese sonido mientras continúas practicando la meditación de la respiración. Esta experiencia unirá la Consciencia (*Shiva*) con la Energía (*Shakti*), expandiéndolas hasta que se conviertan en una sola, en iluminación o en unión con el Aliento Cósmico de la Vida.

Parte A. Respiración *Yóguica OM*

1. Comienza inhalando despacio desde el abdomen, luego el pecho, el cuello y finalmente la cabeza.
2. Cuando sientas presión en los pulmones, exhala primero desde la cabeza, luego el cuello, el pecho y finalmente el abdomen, liberando la menor cantidad posible de aire, el cual es necesario para cantar *OM* a través de las fosas nasales. Este sonido del *OM* en las fosas nasales produce una intensa vibración en los senos paranasales y en el cuarto ventrículo del cerebro.
3. Repítelo durante cinco minutos.

Parte B. *Nadi Shodhana*-Respiración de la unión.

Nadi Shodhana es la técnica principal para equilibrar las energías masculina y femenina. También es un método simple y natural para tomar energía de la cabeza y difundirla por todo el cuerpo. Es muy eficaz para curar dolores de cabeza y calmar los nervios.

Verifica cuál es la fosa nasal que predomina cuando exhalas. El objetivo principal de *Nadi Shodhana* es llevarte a un estado equilibrado de consciencia, de manera que comiences a respirar por igual a través de ambas fosas nasales.

1. Enfócate en el Tercer Ojo. Utiliza *Gyana Mudra* en la mano izquierda (mano sobre la rodilla, dedo pulgar e índice conectados). Con la mano derecha, pon el dedo índice extendido sobre el "Tercer Ojo" (punto entre las cejas), con el pulgar y el dedo medio en tus fosas nasales.
2. Presiona para cerrar la fosa nasal derecha con tu dedo pulgar y exhala con fuerza por la fosa nasal izquierda. Inhala a través de esa fosa y cuenta hasta siete.

3. Cierra las dos fosas y sostén la respiración durante siete segundos (algunas personas tienen una sensación de pánico cuando sus fosas nasales están cerradas, lo cual interfiere con la práctica, así que, si prefieres, simplemente descansa los dedos sobre las fosas nasales para recordarte que no debes respirar).

4. Libera la fosa nasal derecha y exhala a través de ella hasta la cuenta de siete.

5. Mantén la fosa izquierda cerrada y sin pausa. Inhala despacio a través de la fosa nasal derecha contando hasta siete. Contrae el ano.

6. Cierra las dos fosas nasales hasta la cuenta de siete (o simplemente usa los dedos como un recordatorio para no respirar).

7. Suelta la fosa nasal izquierda y exhala a través de ella hasta la cuenta de siete, relajando el ano.

8. Repite esta secuencia siete veces.

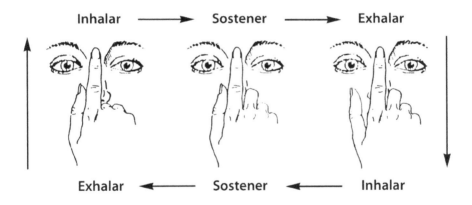

Advertencia: no retengas la respiración si tienes la presión arterial alta.

Parte C. *Yoni Mudra* Meditación.

Yoni significa "útero cósmico" o "fuente de la existencia". *Yoni Mudra* es una poderosa técnica para separarse de los sentidos, permitiendo que la mente se vuelque hacia adentro y se observe a sí misma. Se debe practicar entre cinco y quince minutos diarios. Podrás observar que después de la práctica tendrás un sentimiento de tranquilidad y los colores te parecerán más brillantes.

1. Levanta los codos al nivel de los hombros y en ángulo recto con respecto al resto del cuerpo.
2. Tapa tus oídos utilizando los pulgares.
3. Cierra los ojos con ayuda de los dedos índices, poniéndolos en los párpados inferiores.
4. Pon los dedos del medio en cada una de las fosas nasales para cerrar la nariz mientras retienes la respiración (o como un recordatorio para no respirar).
5. Presiona el labio superior con los dedos anulares y el labio inferior con los meñiques.
6. Inhala lenta y profundamente. Cierra las fosas nasales y sostén la respiración todo el tiempo que te resulte cómodo, concentrándote en las imágenes, manchas o colores que puedan surgir. Es posible que puedas escuchar tus sonidos internos, a los que algunos llaman "música divina". Libera las fosas nasales y exhala.

3. Meditación avanzada de *Shiva-Shakti*. Regresa a esta forma avanzada después de haber dominado la meditación *Hong-Sau* (lección 8).

Utilizamos el símbolo del mandala del *chakra* de la corona para unificar los flujos de energía positivo/negativo (*Shiva-Shakti*), nos sintonizamos con la esencia misma del Chitti (sustancia mental) que genera estos flujos y los equilibramos cuando volcamos la mente hacia sí misma, la aquietamos y finalmente la trascendemos.

Este mandala *Shiva-Shakti* representa y activa el *chakra* de la corona. Trae consigo psico-luminiscencia a tu cabeza, como un sol que irradia en todas las direcciones.

1. Siéntate en una postura cómoda, manteniendo el símbolo del mandala al nivel de los ojos, a una distancia aproximada de 75 centímetros.
2. Cierra los ojos y haz *Yoni Mudra*.
3. Comienza la respiración de la unión, medio ciclo sin contar y sin contener la respiración.
   a. Cierra la fosa izquierda e inhala por la derecha.
   b. Presiona la fosa derecha y exhala por la izquierda.
   c. Inhala por la fosa izquierda, ciérrala, abre la derecha y exhala.
   d. Continúa repitiendo el ciclo durante dos minutos.
4. Comienza la repetición mental del mantra de respiración *Hong-Sau*, pensando en "*Hong*" durante la inhalación y en "*Sau*" (suena "sah") al exhalar. Continúa haciéndola durante diez minutos.
5. Enfoca toda tu atención en el centro del mandala (*Bindu*). Comienza a hacer la respiración yóguica *OM*.
6. Pronto verás espirales girando, tanto hacia la izquierda (*Shakti*), como hacia la derecha (*Shiva*) y destellos plateados de luz blanca dando vueltas alrededor del centro del símbolo.
7. Visualiza el símbolo transformándose en un túnel que comienza a rodearte hasta que sientas que estás dentro de él, luego avanza hacia el centro de luz blanca (de tres a cinco minutos).
8. Comienza a hacer la respiración básica de la unión con tus ojos enfocados en el mandala. Mientras retienes la respiración, cierra los ojos y concéntrate en la imagen del símbolo que se queda en tu ojo mental (siete veces).
9. El mandala se convertirá en un túnel de luz y podrás sentir corrientes de energía fluyendo hacia el *chakra* de la corona en la parte superior de tu cabeza.

1. La Polaridad de los amantes cambia en el momento del orgasmo. El hombre entra en su energía femenina, la mujer en su energía masculina. Él se siente más pasivo y receptivo, ella más activa y agresiva. Haz el amor como normalmente lo haces y observa cómo te sientes justo después del orgasmo, cuando la energía ha cambiado.

Muchas personas encienden un cigarrillo después del orgasmo. No es nada sorprendente, eso hace que la energía vuelva a la normalidad. Otras personas quieren irse a dormir inmediatamente, ¿acaso es para escapar de esta energía con la que no estamos familiarizados? Los hombres, por lo general, se sienten incómodos y vulnerables en su energía femenina. Si esto te sucede a ti, sé consciente de ello y decide si estás dispuesto a reconocer el malestar y a permanecer un poco más de tiempo sintiéndolo hasta que te sientas cómodo.

Si eres una mujer que usualmente se siente abandonada porque su amante se duerme justo cuando te sientes más comunicativa, date cuenta de cuánto tiempo te has acomodado a esta situación y cuánto resentimiento has acumulado. Ahora es el momento para hablar de ello. Si tu pareja no está dispuesta a permanecer en esa energía, no existe razón alguna por la que deban continuar haciendo un curso de *Tantra*. ¡Pueden considerar la posibilidad de encontrar un camino espiritual diferente o una nueva pareja!

En el *Tantra*, la mujer toma un papel sexual activo. Si tú como mujer estás acostumbrada a esperar que tu pareja inicie y controle la actividad sexual, este es el momento perfecto para que te abras a nuevas posibilidades.

Sé la iniciadora. Intenta posiciones sexuales en las cuales tú estés arriba. Algunas veces tendrás que controlar los movimientos para poder obtener la estimulación correcta en el punto sagrado. Si se siente extraño o él se siente amenazado, reconócelo y habla sobre el tema. Acostúmbrense a compartir por igual los roles activo y pasivo.

Algunas personas se sienten más cómodas dando que recibiendo; otras, todo lo contrario. No permitas que tu relación se estanque en una sola vía, dando o recibiendo, pues eventualmente, eso crea resentimiento por parte de ambos. Permite que cada uno tome un turno para dar totalmente y luego recibir del mismo modo. Irás descubriendo que puedes dar y recibir al mismo tiempo.

2. El Orgasmo definitivo. Esta es una técnica avanzada a la cual puedes regresar después de dominar las lecciones 9 y 10. Introduce el *Yoni Mudra* cuando hagas el amor. Permite que uno de los dos se acueste en la cama con su cabeza colgando en el borde. Esto provoca una oleada de sangre (prana) que fluye hacia el cerebro e intensifica la experiencia. Practica el *Yoni Mudra* mientras tu pareja te estimula oral o manualmente. Cuando sientas que el clímax se acerca, haz la Respiración de Transmutación y lleva la energía orgásmica hacia el cerebro.

CONSCIENCIA

1. **Todo el tiempo, momento a momento, sé consciente de cuál es la fosa nasal dominante.** Ponte a prueba cerrando la fosa nasal derecha e inhalando a través de la izquierda y luego cerrando la fosa izquierda e inhalando por la derecha. Cuando notes que te estás comportando de una manera particularmente agresiva, comprueba si tu fosa nasal derecha es la que está dominando. Si te sientes inusualmente emocional, observa si la fosa izquierda está abierta. Valida por ti mismo la verdad de estos principios a través de la repetición de las observaciones.

2. **Revisa en profundidad todas tus relaciones principales** en tu diario (comenzando por tu padre del sexo opuesto). Observa quién ha sido la fuerza activa y quién la pasiva. ¿Cambias tu rol de una relación a otra? ¿Constantemente has sido la pareja dominante o la receptiva? Recuerda cómo era la dinámica entre tus padres. ¿Tu patrón refleja el de ellos? Si estás en una relación larga, ¿ha habido algún cambio en la polaridad a lo largo de los años que los haya llevado a un punto medio neutral?

3. **Haz una evaluación honesta** de tu disposición para explorar el otro lado del continuo, especialmente si te encuentras en una posición extremadamente polarizada. Recuerda que el objetivo del *Tantra* es trascender la dualidad masculino/femenino para convertirte en andrógino. ¿Estás listo para eso?

La Kundalini y la Respiración Cobra

La *Kundalini* ha sido denominada de varias formas: energía sexual creativa, poder espiral, *Shakti* y serpiente de fuego. La enseñanza del yoga tradicional retrata a la *Kundalini* como una serpiente que yace dormida en la base de la columna vertebral, en el cruce de *Idá*, *Pingalá* y *Sushumná*, enroscada tres veces y media en espiral, y que puede despertarse por medio de prácticas yóguicas. Una vez excitada, la *Kundalini* comienza a ascender por la columna. A medida que pasa por los seis centros espinales (*chakras*), les va dando vida, junto con los poderes psíquicos (siddhis) que cada *chakra* gobierna. Dicen que cuando la *Kundalini* Shakti alcanza la corona de la cabeza, se une con *Shiva* en un maravilloso reencuentro. Así se obtiene la liberación y la capacidad de realizar milagros.

Despertar la *Kundalini* es el principal objetivo de la encarnación humana. Para esto se han empleado muchos métodos de estimulación. Un popular *gurú* suele mantener a sus estudiantes saltando sobre sus nalgas e hiperventilándose, haciendo que se acumule una tremenda fuerza a lo largo de la columna vertebral y que la energía se dispare de manera descontrolada, enviando peligrosas ondas de choque a través del cuerpo.

Otro *gurú* prominente cuenta con miles de devotos americanos que testificarán que él les despertó la *Kundalini* por medio de la iniciación *Shaktipat*, sin tener que poner nada de su parte, excepto la entrega y el sometimiento a la gracia del maestro. Esto se ha convertido en la última moda y ahora muchos profesores anuncian que también ellos dan *Shaktipat*. Se trata simplemente de un truco psíquico y los resultados duran muy poco.

Los hindúes atan un mechón de pelo, un nudo de iniciación, a aquel lugar del cráneo llamado *Bindu*, ese lugar en la cabeza de los bebés y los ancianos que es blando, ese punto del cual se dice que es por donde entra y sale el alma del cuerpo. El nudo de iniciación los ayuda a enfocar su consciencia en ese lugar y de este modo, todo el tiempo sienten la energía en espiral de la *Kundalini*.

En la práctica *tántrica* aprendemos que al auto estimularte sexualmente utilizando la respiración como vehículo comienzas a sentir automáticamente la fuerza de la *Kundalini*. Cada técnica *tántrica* produce una cierta experiencia que puede repetirse, pues el *Kriya Yoga* es una ciencia. Repetir las prácticas de una técnica produce efectos similares.

¿Es peligrosa la *Kundalini*? Los críticos de estas prácticas han caracterizado al *Kundalini Yoga* como misticismo diabólico, que produce dolor físico, depresión y locura. Incluso los maestros de *Yoga* han representado a la *Kundalini* como una energía ardiente que se eleva por la columna, causando alucinaciones y demencia. Esto es solamente un dispositivo para evitar que las personas que no son sinceras jueguen con esa energía.

No hay nada extraño con respecto a esta fuerza. La *Kundalini* es energía creativa, la energía de la expresión personal. Se trata simplemente de tu consciencia potencial, sin la cual no podrías funcionar en el mundo. La mayoría de nosotros operamos con un nivel muy bajo de consciencia, por lo que una oleada repentina de consciencia expandida puede ser inquietante, especialmente si hay una gran cantidad de material reprimido que no estás dispuesto a traer a la consciencia.

Es cierto que, si no estás preparado para esta experiencia, podrías hacerte daño. Es esencial que resuelvas tus problemas emocionales primigenios y traigas a la consciencia los sentimientos subconscientes reprimidos antes de activar la *Kundalini*.

Has recibido técnicas para purificar los cuerpos físico y etérico con el fin de prepararte para recibir este torrente de energía. Los procesos para ahondar en el material reprimido del subconsciente están dados para que tu mente se disponga a recibir destellos repentinos de comprensión. Este proceso es importante, es prudente no intentar acortar el camino. Tenemos herramientas para conseguirlo muy rápidamente: esta es la tarea del segundo nivel de la Respiración Cobra.

El horno ardiente es un nombre en clave para denominar el proceso de purificación emocional que se conoce desde hace miles de años. Somos afortunados de vivir en un tiempo en el que nuestra tecnología nos permite traducir la tradición esotérica en fenómenos psicológicos y fisiológicos. Toda la experiencia de la *Kundalini* puede explicarse en términos neurofisiológicos (aunque eso va más allá del alcance de este libro), como una forma más para demostrar que todo está en tu interior. No existe nada fuera de ti, simplemente permite que lo que ya existe dentro tuyo se desarrolle.

El *prana Shakti* que se encuentra en la base de la columna vertebral es la clave para nuestro desarrollo. Aprendemos a estimular la energía magnética *Shakti* y a halarla hacia arriba con el fin de cargar el líquido cefalorraquídeo, que está ubicado en el reservorio del sacro. Luego llevamos esa energía a la columna vertebral. La estimulación de la base central activa puntos focales en el cerebro, pero es más fácil sentir la sensación en la base, donde la energía es más densa. El prana *Shakti* no debe confundirse con la *Kundalini*: el *prana Shakti* es magnético, se siente difuso como la luz en una habitación y la *Kundalini* es la energía equilibrada y se siente como un rayo láser de luz coherente.

Aprenderemos los mudras *Aswini* y *Vajroli*, tensando los músculos anales y genitales, lo cual produce energía vital mediante la estimulación de las glándulas sexuales. Los bloqueos de energía (*bandhas*) crean una presión hidráulica desde la base central que impulsan la energía hacia arriba por toda la columna vertebral, haciéndola circular a través del cuerpo y regresando a la zona genital.

La *Kundalini Shiva* reside en el cerebro. Los ventrículos del cerebro son depósitos para el líquido cefalorraquídeo, así como el reservorio en el sacro. La mayoría de las escuelas de *yoga* enseñan solamente sobre la *Kundalini* Shakti. Trabajar para "despertar" a la serpiente que duerme en la base de la columna vertebral es un proceso muy lento y seguro. Comenzar en el cerebro con la energía solar, que es más sutil, claramente acelera el proceso, pero puede crear problemas para quien no ha purificado los *chakras* inferiores.

El circuito *Kundalini*. Experimentarás su movimiento como una energía lunar fría y magnética que asciende por la columna vertebral. Cuando llega a la cabeza cambia su polaridad y se transforma en una energía burbujeante, cálida, solar y eléctrica que desciende. Aprenderás a equilibrar estas dos corrientes (lunar y solar, fría y caliente, femenina y masculina). En el camino *Dakshina* del *Kriya Yoga*, llamamos a esto autorrelación sexual: hacerte el amor a ti mismo con tu propia energía psíquica. En el *Tantra*, nosotros circulamos esta energía con un compañero, progresando a un ritmo acelerado.

Utilizar la Respiración Cobra dos veces al día, al hacer el amor, hace que este circuito de energía fluya a través del cuerpo en tan solo una semana. Una vez sientas cómo se mueve la energía, abandona la técnica y simplemente fluye con la energía.

El matrimonio *tántrico*. En el centro de tu cabeza se encuentra la Cueva de Brahma, una cámara llena de líquido cefalorraquídeo (el tercer ventrículo, anatómicamente hablando), que está conectada con otras dos cámaras (los ventrículos laterales), una en cada hemisferio cerebral (hemisferio masculino y femenino). El piso de la Cueva de Brahma es el hipotálamo, centro donde reside el placer del cuerpo y que regula el sistema nervioso autónomo. En la parte delantera de dicha cámara se encuentra la pituitaria, glándula principal del cuerpo, la cual se convertirá en la morada de *Shakti*. En su parte posterior se encuentra la glándula pineal, donde duerme *Shiva*. Durante los primeros siete años de vida, la glándula pineal funciona como un control de la pituitaria, luego se vuelve inactiva y pierde la mayor parte de sus funciones. La pituitaria surge y se desarrolla nuestra personalidad mundana. La pineal era el *gurú* y la pituitaria, su discípulo. Cuando se invirtieron los papeles, comenzaron todos los problemas físicos y mentales. El matrimonio *tántrico* vuelve a despertar la glándula pineal, restaurando su papel activo de tal forma que el cuerpo/mente vuelve a su equilibrio.

La *Kundalini* solo comienza a elevarse en *Sushumná*, cuando se da el justo equilibrio entre la energía solar en *Pingalá* y la energía lunar en *Idá*. Arrastrada por el vacío que se crea con la Respiración Cobra, el líquido cefalorraquídeo ya cargado asciende por el canal medular central hacia el tercer ventrículo, la Cueva de *Brahma*. La Respiración Cobra produce una vibración que estimula la pituitaria, el hipotálamo y el Tercer Ojo. Puedes sentir la presión y la vibración como un hormigueo en tu cabeza. En ese momento, la clarividencia surge espontáneamente y puedes ser un testigo visual de los fuegos artificiales que se producen en la celebración del matrimonio.

Cuando esta fuerza *Shakti* golpea el bulbo raquídeo, estimula la pituitaria. Después de unos minutos, sientes una presión en el bulbo y luego una avalancha cuando el hipotálamo dispara una chispa a través de la cueva para despertar a la glándula pineal. Puedes ver un puntito de luz en el ojo de tu mente, lo cual indica que la pineal se ha despertado (la mayoría de los meditadores ha visto la luz blanca, pero piensan que es lo máximo, mientras que en realidad es solo el comienzo!).

Con la estimulación del hipotálamo, la glándula pineal (*Shiva*) se excita y se pone erecta. Se desarrolla un arco electromagnético entre los dos polos (*Shiva* y *Shakti*), iluminando la cueva. Verás destellos de colores violeta y azul. Las luces pueden parpadear de un lado al otro del cerebro mientras los ventrículos laterales estén iluminados, uniendo de esta manera los dos hemisferios cerebrales. La pineal (*Shiva*) emite una hormona, un semen espiritual, una semilla cósmica masculina, que la pituitaria (*Shakti*) se dispone a recibir. El vientre cósmico está ahora impregnado con el embrión que se convertirá en el Ser Superior. Este es

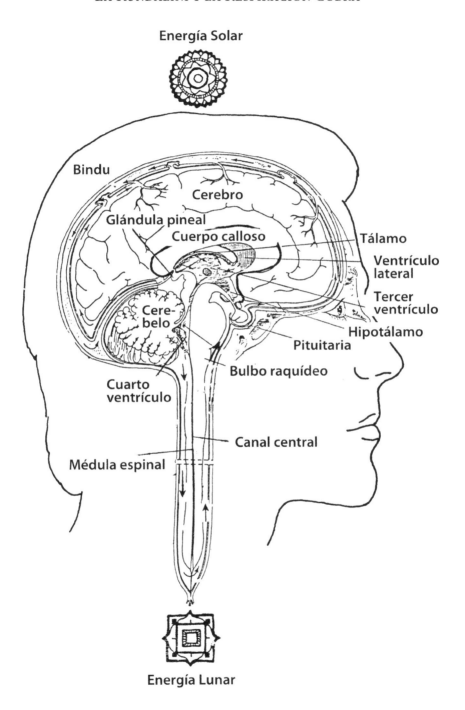

Energía Solar

Bindu

Cerebro

Glándula pineal

Cuerpo calloso

Tálamo

Ventrículo lateral

Tercer ventrículo

Hipotálamo

Cere-belo

Pituitaria

Bulbo raquídeo

Cuarto ventrículo

Canal central

Médula espinal

Energía Lunar

el matrimonio divino en el que la consciencia se une con la energía para producir la consciencia cósmica, una visión momentánea del infinito en la que podrán aparecer santos, espíritus y *gurúes*.

De esta unión surge el ser equilibrado, el ser espiritual realizado que conoce su unidad con Dios, su *gurú* personal, renacido gracias al fuego de la *Kundalini*. Con una alimentación adecuada, meditación frecuente y una vida consciente, este embrión puede crecer y desarrollarse. Las capas del ego caerán como cuando la serpiente muda su piel. Cuando la trasformación esté completa, serás un ser humano completamente realizado, un maestro radiante.

La llave del *Tantra Kriya Yoga* es la Respiración Cósmica Cobra, una tradición muy sagrada y secreta, una enseñanza oral que no puede ser escrita o grabada. Debe ser trasmitida en persona solo por aquellas personas que vienen del linaje directo de *Babaji*. *Sunyata* fue autorizado por su maestro para poder compartir estas técnicas y también autorizó a *Bodhi* y a algunos otros individuos cuidadosamente seleccionados.

Este proceso de transformación se ha practicado en todas las culturas avanzadas. Los sistemas más eficaces de desarrollo personal tendrán como fundamento una técnica de respiración similar a la Respiración Cobra, que es única porque produce rápidamente la experiencia del *Samadhi*. No es necesario practicarla durante años, ni someterse a la austeridad o a un *gurú*.

El *pranayama* ha sido mal traducido como el control de la energía vital. En *Tantra* no controlamos nada. Simplemente nos sintonizamos con las energías ya presentes y las incitamos a moverse con mayor intensidad. Solo estamos acelerando el proceso evolutivo. El *pranayama* es realmente la expansión consciente de la respiración.

En muchas culturas, la serpiente, usualmente la cobra, es utilizada como símbolo de la fuerza de la *Kundalini*, de la expansión de la consciencia. La expansión de la mente se percibe como el capuchón de la cobra extendiéndose a tu alrededor. Uno de los símbolos en la Orden *Saraswati* es una cobra de tres cabezas que representa los canales *Idá*, *Pingalá* y *Sushumná*. Cuando haces la Respiración Cobra sientes la energía de la serpiente, el capuchón de la cobra abriéndose. La consciencia se expande a medida que las células cerebrales dormidas comienzan a abrirse. Realmente experimentas tu cuerpo etérico y comienzan las manifestaciones.

INICIACIÓN DE LA RESPIRACIÓN COBRA

La iniciación es un proceso mediante el cual alguien entra en un camino espiritual particular o en un sistema de desarrollo personal. Cada camino tiene una frecuencia vibracional única. Cualquiera que siga la práctica diaria recomendada por algún sistema, se sintoniza con esa frecuencia.

Un facilitador es aquel que ya ha sintonizado su cuerpo y su mente con esa frecuencia, siguiendo ese camino y experimentando sus resultados únicos. Él o ella están en condiciones de ayudar a nuevas personas en la conexión con esta energía, sosteniendo la vibración e invitando a otros a entrar en resonancia.

Nuestros cursos incluyen una auto iniciación, una sintonización con la vibración del amor incondicional, la dedicación de nuestro ego al servicio del Yo Superior. Esto, ciertamente, no tiene que ver con unirse a un grupo. Se trata enteramente de un paso en tu crecimiento personal.

Aquí están algunas de las preguntas que a menudo se presentan y algunas de las respuestas:

¿La iniciación me involucra con un *gurú*? La fuente de este trabajo es el *MahaAvatar Babaji Nagaraj*. La tradición del *Kriya* estuvo perdida para el resto del mundo durante la Edad Media (Edad Oscura) y fue recuperada a mediados de 1800 por *Babaji*. Nacido en el año 203 DC, fue iniciado a una edad muy temprana en los misterios del *Kundalini Yoga*. Se retiró a una cueva en el Himalaya, absorto en una práctica muy intensa de yoga, para emerger finalmente "riéndose de las limitaciones de la muerte." *Babaji* añadió sus propias mejoras al *Kundalini Yoga* y lo renombró *Kriya*. Él ha conservado su forma a través de los siglos, guiando el desarrollo espiritual de aquellos que buscan su ayuda. No está interesado para nada en conseguir un grupo de seguidores y vive recluido en el Himalaya, en un ashram conocido solo por unos pocos estudiantes avanzados.

Si practicas la Respiración Cobra te sintonizas con *Babaji*, pues él es la manifestación física de esa energía, una expresión pura del amor incondicional. En meditación profunda, podrás encontrar una visión suya o sentir su presencia. Algunas personas quieren la figura de un gurú que los asista en su evolución espiritual, otros disfrutan teniendo a un amigo muy evolucionado y un modelo a seguir. *Babaji* está siempre disponible y su presencia trae algunos de los momentos más dulces de la vida.

¿La Iniciación *Kriya* está disponible a través de varias escuelas y maestros? ¿Son todas iguales? Existen variaciones considerables entre las enseñanzas del *Kriya* que están disponibles hoy en día. Toda la ciencia del *Kriya* fue transmitida de *Babaji* a Lahiri Mahasaya, quien a su vez la transmitió en su totalidad a Sri Yukteswar. Los estudiantes de Yukteswar recibieron diversos aspectos del *Kriya*, dependiendo de su naturaleza: a algunos se les enseñó un camino devocional (corazón), y a otros una aproximación más intelectual (mental). El aspecto tántrico del *Kriya Yoga* es el único que utiliza la energía sexual. Incluso los maestros de la misma escuela enseñan métodos diferentes. En *Kriya*, existen muchos *pranayamas* avanzados. Cada uno tiene un efecto diferente.

¿Hay más de un nivel? en este sistema hay siete niveles de Respiración Cobra, cuatro de los cuales pueden ser enseñados por un facilitador. Los tres últimos se reciben en la meditación cuando estés listo para recibirlos. Cada nivel abre un canal de la columna vertebral y activa ciertos chakras, además de llevarte a una octava más alta de la misma frecuencia.

El primer nivel de la Respiración Cobra magnetiza la columna vertebral a medida que la energía de la tierra (raíz) se eleva hacia el sexto chakra (Tercer Ojo) para despertarlo. El segundo nivel permite que la energía solar descienda, despertando los tres *chakras* inferiores y equilibrando las corrientes masculina y femenina. El tercer nivel abre el Canal *Sushumná* y permite, de hecho, que el Fuego Cósmico (*Kundalini*) ascienda como una mezcla de masculino y femenino. Los *chakras* del corazón y la garganta se abren y el sistema de *chakras* llega a ser un todo equilibrado. El cuarto nivel te lleva del microcosmos al macrocosmos, de las profundidades de la tierra a la eternidad del cielo. Los niveles superiores deberán ser experimentados y no pueden ser descritos.

¿Puedo practicar la técnica de la Respiración Cobra sin tomar un curso? Sí, y es muy probable que puedas llegar al mismo nivel en tu proceso. La ventaja de un curso y de la auto iniciación es que la energía del grupo te va a impulsar a una experiencia inmediata. Muchas personas tienen una apertura profunda durante la auto iniciación, la cual expande su sentido de lo que es posible. Esa experiencia sirve como un punto de referencia para más adelante, en la medida en que trabajes para reavivar esa sensación. Es como hacer un puente con cables, de esos que se usan para recargar la batería de los automóviles cuando está débil y así hacer que el motor arranque. Puedes llegar por ti mismo, pero muy pocos de nosotros somos así de perseverantes.

¿Me generará algún conflicto el *Kriya* si ya estoy en otro camino espiritual? Cada camino tiene su propia vibración. El *Kriya Yoga* es muy poderoso y te lleva a un nivel de vibración muy alto, así que descubrirás que el *Kriya* mejora tu camino original. Posiblemente te sentirás inclinado a dejar de lado la otra práctica durante un tiempo y querrás concentrarte en ésta. Sin duda traerá cambios a tu vida.

¿Cómo puedo recibir la Respiración Cobra? Estudia este libro y explora las prácticas. Si sientes que son para ti y deseas profundizar, la mejor decisión es asistir a un curso intensivo de un fin de semana.

Si esto no es posible, inscríbete en el *Practicum* de *Tantra Bliss* (estudio en casa). La información de contacto está en la página 11.

1. **Estimulando la *Kundalini*.** Dos métodos potentes para estimular la *Kundalini* son:

   a. Mover el sacro (y el piso pélvico) hacia adelante y hacia atrás, ya sea estando de pie, sentado o acostado.

   b. Contraer el musculo del esfínter anal (para los hombres) o los músculos vaginales superiores (para las mujeres).

Agrega estos movimientos a cualquier ejercicio o actividad, y lo convertirás en *tántrico*. Hazlos al mismo tiempo y habrás encendido el generador de energía.

2. ***Nadi Kriyas.*** Los *Nadi Kriyas* son técnicas espirituales de *pranayama* (expansión de la fuerza vital) para cargar el cuerpo físico con *prana*. Los *Kriyas* eliminarán cualquier obstrucción que haya para el paso de la energía y producirán un alto nivel energético. Esto va a fortalecer el cuerpo, a purificar la sangre y te preparará para la meditación *Kundalini*. Estos tres *Nadi Kriyas* deben realizarse después de los

Isométricos *Rishi* y antes de la meditación. Haz cada *Kriya* siete veces. En cada una de estas técnicas, inhala por la nariz y exhala por la boca, soplando con los labios fruncidos (como si fueras a silbar). Con cada inhalación contrae el músculo del esfínter anal y balancea ligeramente la pelvis hacia adelante. Con cada exhalación relaja el musculo del esfínter anal y balancea ligeramente la pelvis hacia atrás.

Parte A. Limpiador *Nadi*: para desbloquear los canales *Nadi* de modo que la energía fluya libremente. Esto disipa la fatiga:
1. Siéntate en postura fácil o en una silla.
2. Inhala, balancéate hacia adelante y contrae hasta la cuenta de seis.
3. Sostén la respiración hasta la cuenta de tres.
4. Sopla con una fuerza poderosa y constante, manteniendo la tensión hasta la cuenta de seis. Balancéate hacia atrás y relaja la contracción.

Parte B. Activador *Nadi*: si se utiliza después del Limpiador *Nadi*, produce un torrente de energía que estimula el sistema nervioso.
1. De pie con la cabeza y la espalda rectas, lleva tus hombros hacia atrás, balancea la pelvis hacia adelante, tensiona el abdomen, el ano/cuello uterino, las piernas y las rodillas.
2. Inhala y haz una respiración completa.
3. Conteniendo la respiración, extiende los dos brazos hacia el frente, llevándolos a la altura de los hombros. Poco a poco aprieta los puños, mientras los llevas de regreso hacia tus hombros, tensionando todos los músculos. Sostén durante el mayor tiempo posible.
4. Sopla explosivamente, deja caer los brazos abruptamente y relaja la tensión.

Parte C. Energizador *Nadi*: utilízalo cuando te sientas lento. Hace vibrar todos los sistemas (*Nadi*, nervioso y vascular).
1. Siéntate en postura fácil.
2. Inhala en seis aspiraciones vigorosas, balanceando la pelvis hacia adelante y contrayendo el ano/cuello uterino.
3. Sostén la respiración durante el mayor tiempo posible.

4. Sopla con un suspiro lento y largo, relajando la contracción y balanceando tu pelvis hacia atrás.

3. **Posturas de Rejuvenecimiento.** (Páginas 133-140). Se hacen después de los *Nadi Kriyas*, produciendo una ráfaga de energía que activa la *Kundalini*.

....

PRÁCTICA EN PAREJA

....

Masaje *Kundalini*

El masaje puede ser una experiencia tan íntima como un encuentro sexual. El aspecto erótico del masaje induce a un estado de consciencia en trance. Siempre que traes lo erótico a cualquier aspecto de la existencia, produces un estado alterado de consciencia. De lo sensual surge un flujo de fuerzas pránicas que se mueve hacia arriba y por debajo de la columna vertebral. El masaje es una de las formas más fáciles para hacer que la energía fluya, particularmente entre un hombre y una mujer, donde existe una polaridad. El masaje *Kundalini Tantra* es una forma única para lograr esto. Hay muchos libros disponibles sobre el masaje sensual, pero no incluyen ninguna de estas técnicas.

El masaje *Kundalini* es una manera en la que los amantes pueden acelerar su evolución espiritual. Las caricias sirven para balancear los aspectos masculino y femenino (*Idá* y *Pingalá*), los cuales abren el canal *Sushumná*. Al mismo tiempo, estas estimulan a la *Kundalini* para que ascienda por *Sushumná*, desde el centro de la base hasta el bulbo raquídeo, el lugar de tu cuerpo donde entra el aliento de Dios y donde inicia tu *OM*. Pronto serás capaz de enviar energía físicamente a tu pareja, equilibrando los centros de poder para que se relaje antes de hacer el amor. Un cuerpo relajado puede generar y transmutar una mayor intensidad de energía sexual.

Este masaje estimula las hormonas gonadales, las cuales estimulan a su vez al hipotálamo, que libera hormonas de la glándula pituitaria, la glándula maestra. Estas hormonas tienen un efecto rejuvenecedor en todo el cuerpo y ayudan en el proceso de asimilación de nutrientes y en la eliminación de las toxinas del sistema.

El estereotipo occidental se basa en que a la mujer le gusta ser tocada y al hombre le gusta tocar, lo cual refleja la polaridad activa masculina y la polaridad pasiva femenina. El *Tantra* no vincula a las personas con roles tan limitados. Algunos hombres deben aprender a disfrutar cuando los tocan y algunas mujeres deben aprender a ser más activas sexualmente.

A. Prepárate para dar un masaje

1. Cárgate con energía utilizando *Aswini Mudra* para obtener un flujo de *prana Shakti* (véase la lección 9).
2. Carga tus manos, tensionándolas como si fueran garras sosteniendo una pelota y rotándolas mientras respiras profundamente. Cuando exhales, proyecta energía a tus manos. Pronto sentirás un campo de energía formándose entre ellas, algo sustancial que se resiste a la presión.
3. Lo que sigue es otro método muy poderoso para llevar energía a las manos:
   a) Ponte de pie con los pies convergiendo hacia adentro y empuja el sacro hacia adelante. Durante la inhalación, levanta las manos a la altura de los hombros manteniendo los codos cerca del cuerpo. Contrae el ano.
   b) Durante la exhalación, extiende los brazos hacia los lados. Forma un puño suave con el dedo índice estirado hacia arriba. Siente el hormigueo en ese dedo.
   c) Al inhalar, pon las palmas hacia arriba.
   d) Cuando exhales, relaja los brazos a los lados. Relaja la contracción anal.
   e) Repite esto varias veces.

B. Dar el masaje

1. Coloca la mano que entrega (suele ser la derecha en la mayoría de las personas) sobre el coxis de tu pareja y la mano que recibe (izquierda) sobre el occipucio (la base del cráneo). Siente las vibraciones en cada

uno de los centros y la conexión de energía pulsando entre ellos. Observa si hay más energía en la cabeza, en los glúteos, o si están equilibrados.

2. Golpea de forma relativamente fuerte el hueso triangular del sacro. También puedes dar los golpes con tus dedos o con los bordes de tus manos. Observa cuál se siente mejor. Los nervios que controlan todos los órganos del sistema urogenital emergen de esta porción de la columna vertebral, por lo cual esto estimula el sistema parasimpático (*Shakti*), induciendo a la relajación. También sirve como una llamada para despertar la *Kundalini*, pues la glándula *Kunda*, la conexión del cuerpo con la fuente infinita de Energía Cósmica, se encuentra justo debajo del sacro. Continúa la percusión por unos tres o cuatro minutos más.

3. Genera calor en la columna de tu pareja por medio de la fricción seca. Utilizando la mano que entrega, golpea repetidamente a ambos lados de la columna vertebral, desde el coxis hasta la base del cráneo, con una presión considerable, teniendo cuidado de no golpear el hueso. Pronto la columna y tus manos se sentirán muy calientes. Enfoca tu atención en medio de los hombros, esto despierta a *Shakti*.

4. El trapecio es el músculo que más necesita estar relajado, así que gran parte de tu esfuerzo debe concentrarse en ese lugar. La tensión se genera por cargar demasiada responsabilidad sobre nuestros hombros. Cuando se trabaja en esa área, también se abre el chakra del corazón, que está conectado con el chakra raíz, por lo que este se abrirá automáticamente. Intercala los golpes secos con fricción mientras aprietas y amasas ese músculo para hacer que se relaje. Masajea la base del cráneo con una presión firme.

5. Recorre ligeramente la columna vertebral, yendo hacia arriba por ambos lados, comenzando desde el coxis, cruzando tus pulgares, el derecho por el lado izquierdo de la columna y el izquierdo por el lado derecho. Esto sirve para provocarle un cortocircuito a *Idá* y *Pingalá* (es decir, neutralizando las energías positivas/negativas). Es un buen momento para que los dos determinen cuál de sus fosas nasales es la dominante y trabajen en equilibrarlas, ya que solo de este modo se abrirá el canal *Sushumná*. A medida que vas subiendo por la columna

vertebral, los dos deberían hacer una Respiración Cobra (una vez que la hayan aprendido). Cuando hayas llegado a la base del cráneo, haz unos pequeños movimientos circulares en el sentido de las manecillas del reloj, y mientras exhalas, baja haciendo caricias con la suavidad de una pluma, a los dos lados de la columna. Repite varias veces.

6. Para mover la *Kundalini*, sopla muy despacio, generando una corriente de aire cálido a lo largo de la columna vertebral, ubicando un labio en un lado y el otro labio en el otro (los dos labios deben estar secos). Inhala a través de la nariz y exhala por la boca, mientras te mueves desde el sacro hasta la base del cráneo. Estás formando un vacío que lleva la energía hacia arriba. Vas a encontrar un área, probablemente en el cuello, que es especialmente sensible, produciendo emociones y escalofríos. Quédate allí hasta que el escalofrío cese.

7. Pon la palma de la mano derecha sobre el sacro y la izquierda en el occipucio. Mantén esa posición para observar cualquier cambio.

8. Invita a tu pareja a que se gire hacia un lado. Acuéstate detrás, los dos

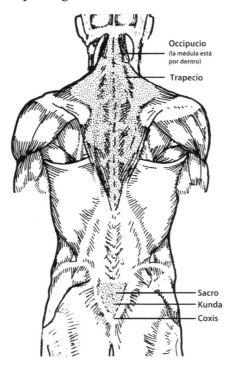

Occipucio
(la médula está
por dentro)

Trapecio

Sacro
Kunda
Coxis

mirando en la misma dirección, en posición de cuchara. Envuelve a tu pareja con el brazo que tienes libre para crear un nido protector.

9. Concéntrense en la respiración del otro, sincronizando sus patrones de respiración. Relájense y disfruten el gozo del momento eterno.

CONSCIENCIA

1. **Recuerda las experiencias pico que has tenido:** los momentos donde te sentiste más vivo, más sereno, en mayor armonía con el mundo, más en contacto con Dios como tú lo conoces. Comprende que en estos momentos tu cuerpo atravesaba por el proceso fisiológico anteriormente descrito y que había logrado espontáneamente el equilibrio entre las energías masculina y femenina, produciendo una oleada de *Kundalini*. Haz consciencia de que podrías tener experiencias como esta más a menudo al convertir la meditación y la práctica *tántrica* en algo habitual en tu vida, preparando tu cuerpo y tu mente para mantener esos niveles de consciencia.

2. **Haz una lista de las cosas de tu vida que te impiden permanecer en ese pico todo el tiempo:** tus excusas para permanecer inconsciente, las cosas acerca de las cuales te quejas en tu monólogo interno: "Estaré sereno tan pronto termine este proyecto". "Con una nariz como esta, ¿se supone que debo sentirme feliz?". "Soy amoroso, pero todavía no he podido expresarlo porque no he encontrado la pareja adecuada". "Después de la forma en la que mis padres me trataron, ¿cómo puedo tener la esperanza de ser feliz?" "No merezco ser feliz". Etcétera.

Ahora repite una y otra vez las excusas en voz alta, con profundo y dramático sentimiento, como si quisieras convencer a alguien de que tienes todas las justificaciones para ser miserable. Entrégate realmente a hacer esto, los resultados te sorprenderán.

LECCIÓN 6

Despertando los chakras

En el cuerpo etérico hay centros de energía llamados *chakras*. Ellos operan a un nivel mínimo para mantener la vida en el cuerpo espiritual no desarrollado. Cuando la *Kundalini* comienza a moverse, los chakras cobran vida. Esto sucede como cuando se crea energía hidroeléctrica, cuando la presión del agua que fluye hace girar el dínamo.

En sánscrito, la palabra *chakra* significa "rueda". Los videntes visualizan los chakras como unos torbellinos giratorios de energía que están localizados a lo largo de la columna vertebral (estos son los chakras negativos o materiales) y en el cerebro (los *chakras* positivos o espirituales). Cada *chakra* tiene una frecuencia vibratoria diferente: el más rápido está en la coronilla y los demás son progresivamente más lentos, como si fueran transformadores, enviando hacia abajo la energía cósmica que entra al cuerpo por tu corona. En el sistema *tántrico* de los *chakras*, tal como fue concebido por los *yoguis*, los *chakras* son utilizados como puntos focales en el espacio para atraer la energía cósmica a los centros vitales. A través de la visualización podrás realmente abrir los *chakras*, y con el movimiento de la respiración sentirás la energía viajando de arriba hacia abajo por la columna vertebral. Cuando trabajes con los circuitos de *Kundalini* en el cuerpo, vas a estimular cada *chakra*.

Cualquier experiencia metafísica puede ser explicada en términos fisiológicos. Los *chakras* realmente representan a las glándulas endócrinas, las cuales producen las hormonas necesarias para tomar consciencia. Por lo tanto, cuando aprendes a abrir los chakras, te llenas de vitalidad, te sientes más vivo, más intenso, más enfocado.

La energía comienza en los genitales y alimenta a las otras glándulas. Cuando las glándulas endocrinas están equilibradas y en pleno funcionamiento, el proceso de envejecimiento se invierte. En la práctica *tántrica* estás en un estado de rejuvenecimiento constante.

Inicialmente pasamos por alto los chakras de la columna. Debes estar con los pies firmes en la tierra para poder lidiar con los *chakras*, pues ellos contienen todos los residuos emocionales de tu vida, lo que no ha sido resuelto. Abrirlos prematuramente puede causar una crisis innecesaria si todavía no has aprendido a mantener la Consciencia Testigo mientras se libera la energía emocional. Por lo tanto, en el *Kriya* abrimos primero los chakras del cerebro.

La Respiración Cobra es importante porque saca a la luz todos los desechos psíquicos (*Samskaras*). Este es nuestro *Karma*, nuestros hábitos y el condicionamiento que hemos recibido de nuestros padres y de la sociedad. Mediante el uso de la respiración y otras técnicas *tántricas*, podemos borrar realmente los surcos en el cerebro en los que se almacena este tipo de programación.

Primero debes aprender a energizar todo el cuerpo de manera que puedas manejar la entrada de energía que se produce cuando los *chakras* comienzan a vibrar. Entonces podrán abrirse de manera sistemática y segura. Cada *chakra* de la columna tiene su contraparte espiritual en el cerebro, la cual debes energizar en primer lugar. En ese momento podrás transmutar de manera segura la energía que regresa y que va hacia abajo por la columna vertebral para iniciar la apertura de los *chakras* negativos inferiores de la columna. La respiración consciente parte de los centros espirituales para que se manifiesten en los centros materiales, aportando energía al lugar donde se necesite. Esto inicia un viaje hacia los diferentes aspectos de tu personalidad, a menudo a un mundo completamente nuevo. La apertura de los chakras significa verte a ti mismo como en realidad eres, sin máscaras.

El trabajo realizado en el Nivel Dos completa este proceso con las técnicas apropiadas y el apoyo de un facilitador calificado.

Existen doce conjuntos de nervios craneales que se originan en un círculo alrededor de la glándula pineal. Cada uno de ellos controla un sentido del cuerpo, incluyendo los sentidos propioceptivos (consciencia de la posición de los músculos). La psicoluminiscencia del tercer ventrículo, que se produce cuando *Shiva* se une con *Shakti*, altera estos

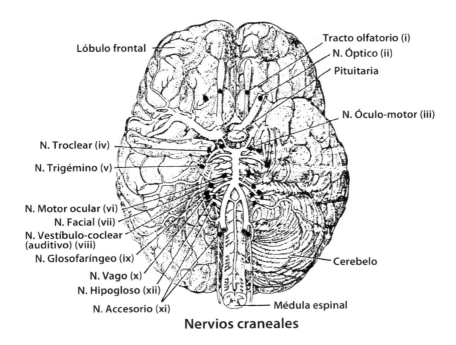

Lóbulo frontal

Tracto olfatorio (i)
N. Óptico (ii)
Pituitaria

N. Óculo-motor (iii)

N. Troclear (iv)

N. Trigémino (v)

N. Motor ocular (vi)
N. Facial (vii)
N. Vestíbulo-coclear
(auditivo) (viii)
N. Glosofaríngeo (ix)

N. Vago (x)
N. Hipogloso (xii)
N. Accesorio (xi)

Cerebelo

Médula espinal

Nervios craneales

nervios y expande la variedad de los sentidos que ellos gobiernan. Cada *chakra* está asociado con un sentido y, en un cuerpo que ha experimentado la *Kundalini*, cada chakra tiene una habilidad psíquica, una capacidad extrasensorial.

Hay muchos chakras en el cuerpo. En el *Tantra* se reconocen siete y cada uno representa un aspecto diferente de la personalidad humana. En cada nivel de consciencia se ha desarrollado una escuela de psicología para explicar el comportamiento humano desde esa perspectiva.

Entonces, cada *chakra* está relacionado con una glándula endocrina, con un elemento (tierra, agua, fuego, aire, éter), con un nivel de consciencia, con un sentido y una dimensión (se han elaborado muchas otras asociaciones, pero estas son suficientes para nuestro propósito). Veamos los *chakras* uno a uno.

Muladhara. En los hombres, el primer chakra está ubicado en la glándula de la próstata y en la mujer, cerca del cuello uterino. Su estimulación activa la *Kundalini Shakti*, la fuerza de la vida, la energía mediante la cual se crearon nuestros cuerpos. *Muladhara* gobierna el cuerpo físico, su energía es la de la tierra y tiene que ver con la supervivencia física. La mayoría de las personas viven en este nivel de consciencia, sin tener idea alguna de que hay algo superior. No tienen ningún sentido de la aventura, ni están dispuestas a tomar riesgos. Su principal preocupación es mantener el *statu quo*, el comportamiento que los ha mantenido con vida hasta el momento, por lo tanto, sus reacciones ante cualquier situación son predecibles, como las de un robot. La psicología conductista describe su forma de vida según el estímulo/respuesta.

En este nivel, el sexo es completamente instintivo, procreativo, para la supervivencia de la especie. En este *chakra* está la transición de lo animal a la vida humana. Está conectado con la nariz y nuestros impulsos animales básicos surgen estimulados por el olor. Esta es una energía de conexión con la tierra. Podemos alcanzar nuestras ramas espirituales únicamente si nuestras raíces se plantan en el suelo de la Madre Tierra. Este es el contrabajo de la orquesta humana, necesitamos su profundidad y riqueza para equilibrar las flautas y los violines de los centros superiores.

Swadhistana. El segundo *chakra*, asociado con los testículos y los ovarios, es el hogar de las memorias emocionales inconscientes, tanto de las experiencias primigenias de esta vida como de los residuos *kármicos* de vidas pasadas. Su elemento es el agua. Aquí la consciencia de sí mismo surge como el ego. El sentido del gusto está aquí y como el gusto depende del olfato, el segundo *chakra* depende del primero. La fuerza vital expresada a este nivel ve el mundo en términos de placer y dolor. El sexo en esta dimensión está dedicado a la gratificación sensual. La concepción freudiana sobre la naturaleza humana se enfoca en este nivel de consciencia. La energía sexual es la energía creativa de la que surgimos, la fuerza más poderosa que conocemos, una gran reserva para aprovechar. Desde este centro se puede experimentar la clarividencia (leer las emociones de los demás).

Manipura. El tercer chakra está centrado en el ombligo. Este *chakra* está asociado con la vitalidad, la energía y el poder. El objetivo principal de la vida a este nivel es el de mantenerse en control para alcanzar y ganar. Adler creó una psicología bajo esta premisa. En este nivel, aquellos que manipulan pueden "conectarse" con la gente. Utilizan la sexualidad para controlar a su pareja y conseguir lo que desean. Este *chakra* regula la digestión, así como la absorción de los alimentos y del prana. Está asociado con el páncreas y con las glándulas suprarrenales, que producen adrenalina para activar el cuerpo. Su elemento es el fuego y es el lugar en el que se almacena la energía cósmica del cuerpo. Los nadis se congregan aquí, creando una luz radiante. Rige al cuerpo mental del ego, la obstinación, el Yo separado.

Anahata. El cuarto *chakra* está localizado cerca del corazón. Este centro está asociado con el amor puro y la devoción. En este punto los límites del ego comienzan a desaparecer. Existe una necesidad de abrazar, de ser uno con el mundo. El enfoque de la psicología de Carl Rogers fue abogar por el amor incondicional, el cual solamente es posible en este nivel de consciencia. El sentido del tacto es el que gobierna aquí, y su elemento es el aire. Este *chakra* está asociado con el timo, que controla el sistema inmunológico y produce las células que envuelven e incorporan cualquier materia extraña. Lo que parecía ser no-Yo se convierte en parte del ser. Por lo general, este *chakra* está fuertemente custodiado. Tienes que atravesar una capa de dolor, recordando todas esas veces que necesitabas amor y no estaba allí para ti. Al otro lado de esta capa se encuentra el centro donde puedes experimentar a Atman, el alma individual.

Vishuddha. El quinto *chakra*, localizado en la garganta, se ocupa de la comunicación dinámica y la expresión personal. Este es el centro para la purificación, para prevenir que las toxinas circulen a través del cuerpo. Su glándula es la tiroides. En este punto, el ego está listo para hacerse a un lado y dejar que el cosmos se exprese a través del individuo. Abraham Maslow estudió personas que fueran capaces de alcanzar niveles supra humanos. Para vivir en esta consciencia, debes conocer el cuerpo del gozo, de la felicidad. Su elemento es el éter, la materia esencial de donde provienen los otros elementos. Está relacionado a la audición y desde este centro se puede experimentar la clariaudiencia.

Ajna. El sexto *chakra*, el Tercer Ojo, está asociado con la glándula pineal. La activación de las glándulas pineal y pituitaria conlleva el "matrimonio *tántrico*". Este es el centro de la intuición y la inspiración, más allá del mundo material, preocupado solamente por la Consciencia

Cósmica. *Ajna* es el punto de enlace entre el ego y el universo, ya que está conectado directamente con los *chakras* inferiores y superiores. Cuando la consciencia alcanza este nivel, te conectas con la mente universal y, viendo las cosas como en realidad son—sin el filtro del ego—contemplarás lo divino en toda la creación. La clarividencia surge automáticamente, trayendo claridad y comprensión a tus percepciones acerca de las personas. Una vez Ajna se abre, nadie podrá mentirte. Has conectado con la consciencia colectiva que estudió Carl Jung.

Sahasrara. Cada *chakra* está conectado con *Sahasrara*. Este es el centro de la consciencia nirvánica, nuestra conexión con el infinito, con el vacío. Este *chakra* de la corona es llamado "el loto de los mil pétalos". Su contraparte física es el cerebro, con sus millones de neuronas dormidas esperando florecer. A medida que adquieras un mayor dominio sobre la respiración, tendrás a tu disposición más "saber interior". Como el potencial dormido comienza a expresarse, el cerebro se siente como si estuviera ardiendo.

Bindu. Este es un *chakra* secreto, el *chakra* de la luna. Está situado en la parte superior y posterior de la cabeza, donde el pelo hace un giro. Este es el lugar por donde el alma entra y sale del cuerpo. Aquí puedes sintonizar los sonidos psíquicos. Aunque no suele considerársele como un *chakra*, es probablemente el punto más importante en el *Tantra Yoga*. El hipotálamo está asociado con *Bindu*. Regula el flujo de energía que va de la pineal a la pituitaria.

Los primeros cuatro *chakras* representan los aspectos de nuestra humanidad: deben ser dominados y hacer que se rindan ante la naturaleza más elevada, que está representada en los tres *chakras* superiores, los centros espirituales que están más allá del plano material.

En la tradición, esta información esotérica fue representada en la poesía y los simbolismos. Tal vez los *yoguis* en la antigüedad no poseían el vocabulario que tenemos hoy en día y quizás querían que la información se mantuviera protegida. Se referían a los *chakras* como lotos y a los *nadis* como corrientes solares y lunares. Hemos descubierto que las neuronas en el cerebro se pueden activar y es allí donde la respiración *Kriya* entra en acción. Introducimos más oxígeno en nuestra cabeza. Trabajamos con pasos y grados de consciencia como una manifestación física.

SECUENCIA PARA ABRIR LOS CHAKRAS

1. **¿Voluntad o testigo?** En la mayoría de las tradiciones de *yoga*, el primer *chakra* que debe abrirse es *Manipura*, el centro vital. Esto se debe a que se requiere una fuerte voluntad y autodisciplina para llevar una vida yóguica. Este punto o chakra es el depósito donde se almacena toda la energía vital. Muchas de las prácticas *tántricas* (*asanas*, *pranayamas* y *mudras*) están diseñadas para fortalecer las glándulas sexuales de modo que produzcan fuerza y calor psíquico para halar energía desde la base de la columna vertebral para abrir *Manipura*.

   El sendero de la Voluntad en el yoga tiende a ignorar o suprimir el cuerpo emocional. Aquellos que siguen el camino de la rendición total e intentan dominar el cuerpo emocional deben abrir el Tercer Ojo antes que todos los demás. Podemos aprender a llamar al testigo, nuestra alma individual, para mantener la objetividad mientras se lleva a cabo la limpieza emocional. El Testigo es esencial para este proceso, pues ningún tipo de catarsis liberará las antiguas memorias emocionales a menos de que el Testigo esté presente.

2. **Lo emocional.** Debemos traer a la consciencia las memorias emocionales localizadas en los tres *chakras* inferiores, particularmente en el cuerpo etérico (pránico), para liberar nuestro apego a ellas y aprender la lección acerca de por qué creamos este tipo de experiencias. La psicología occidental se ha enfocado en este proceso, y ya hay muchos métodos disponibles. Al aproximarnos desde el contexto espiritual, estos métodos se mejoran. Entonces el objetivo es integrar los fragmentos emocionales para llevar armonía al cuerpo y a la mente, para que el cuerpo/mente consiga disfrutar de la presencia divina.

3. **El corazón.** Si abres *Anahata* antes de que se haya borrado el material emocional primigenio, te estás preparando para el sufrimiento. Mientras todavía tengas una carga emocional con tu padre del sexo

opuesto, cualquier pareja que elijas será alguien que te recuerde a ese padre/madre, será un intento por obtener de tu pareja lo que no recibiste de ellos y complementar esa relación, pues no ves a tu pareja, sino únicamente la proyección de tu padre/madre. Tal apego se basa en una ilusión y por lo general se desmorona, pero si tu corazón no está abierto, amarás incondicionalmente esa ilusión y el rompimiento va a ser devastador. Una vez que el corazón esté abierto, tu capacidad para el amor y la alegría verdaderos se expandirá dramáticamente. Tu esencia divina podrá entrar en este templo físico y convertirte en un ser radiante.

4. **Cósmico.** Los cuatro *chakras* inferior es deben estar abiertos y las cuatro dimensiones que ellos representan deben ser dominadas antes de que estés listo para abrir completamente el centro cósmico. A medida que tus facultades intuitivas se abren en *Ajna*, el Tercer Ojo, proyectas tu consciencia en el espacio cósmico, en la divinidad. La llave que permite realizar este viaje es la Respiración Cobra, pues eleva la energía desde un nivel burdo a un nivel más refinado que representa al Dios dentro de nosotros. La respiración sube por la columna vertebral y golpea el bulbo raquídeo, que activa los centros positivos del cerebro. Cuando la Cobra golpea la glándula pineal, todos los centros espirituales comienzan a vibrar y a resonar y crean un campo áurico alrededor del cuerpo. Nos damos cuenta entonces de que nuestra sensación de separación es una ilusión y de que solo hay un Alma Universal que lo contiene todo.

Cuando realizamos un entrenamiento espiritual y desarrollamos habilidades paranormales, nos conectamos con la consciencia colectiva. Cuando aprendemos a ser sensibles a las energías más sutiles, podemos captar información en esa frecuencia particular. Los *chakras* transforman esa energía sutil en una frecuencia con la que podemos trabajar en el plano físico.

MEDITACIÓN CHAKRA YANTRA

Este maravilloso ejercicio te dará tres habilidades vitales:
1) visualizar, 2) estimular y equilibrar tus *chakras* y 3) aprovechar la energía del cuerpo etérico que te rodea.

La visualización es esencial en cualquier estudio esotérico. Es el núcleo de las técnicas de magia sexual que aprenderás en un nivel más avanzado. Una forma muy conocida para obtener control sobre la mente consiste en enfocarse en un solo punto, como una vela o un cristal. No obstante, se trata de una técnica pasiva que induce a cierto tipo de hipnosis. La meditación *yantra* es la técnica básica del *Tantra* para aprender a visualizar y es muy dinámica. El *Tantra* siempre busca las vías más eficientes para alcanzar sus fines.

La visualización resulta más fácil para quienes tienen talento artístico, pero aquellos cuyo sistema nervioso está más orientado hacia el sonido o el tacto tardarán más tiempo en dominar esta habilidad. No debes desanimarte si no sucede la primera vez que lo intentas, vale la pena que persistas. Hace pocos años, cuando la gente leía por entretenimiento, tenían que elaborar sus propias imágenes mentales de las historias. Nosotros, que crecimos bombardeados por las imágenes de la televisión, nunca aprendimos cómo hacer nuestras propias imágenes, apenas si podemos tener un concepto de algo con una imagen vaga o borrosa. Estos ejercicios te van a entrenar para que puedas crear una imagen visual y proyectarla de forma clara y en colores vivos en la pantalla de tus párpados cerrados.

Puedes obtener un set de tarjetas con *yantras* enviando el cupón que encontrarás más adelante. La técnica hace uso de una respuesta fisiológica ante la fatiga, llamada efecto post imagen (efecto de imagen secundaria). Enfoca la mirada en el punto Bindu, en el centro del *yantra* durante uno a tres minutos, sin parpadear. Esfuérzate más allá del límite normal de la fatiga. Tus ojos probablemente comenzarán a lagrimear, pero esto es bueno, porque el lagrimeo produce un estado de relajación en el cuerpo. Cuando alcances cierto punto de agotamiento, comenzarás

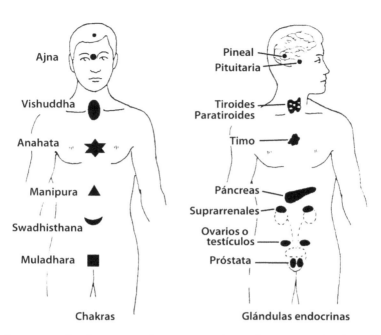

a ver el *yantra* de forma tridimensional y tal vez, verás destellos de colores. Cierra los ojos y en ese momento, verás imágenes f lotando frente a ti en la oscuridad, en el color complementario al del *yantra*.

Por ejemplo, observar un yantra azul va a fatigar los receptores de color azul, permitiendo al rojo y al amarillo crear una imagen color naranja. Después de un poco de práctica aprenderás a crear estas visualizaciones sin ayuda de las tarjetas.

La estimulación de los *chakras* se lleva a cabo de manera segura y eficaz utilizando la meditación *yantra*. Cada *yantra* es una figura geométrica que representa un cierto mantra o palabra de poder que resuena a través del sistema nervioso. Los *yoguis* descubrieron que para cada *chakra* existe un mantra en particular, así como un *yantra* y un color que están sintonizados con la energía del *chakra*, y que por lo tanto lo estimulan. Cuando hayas producido la imagen del *yantra* en el ojo de tu mente, puedes moverte suavemente, con la respiración, hacia el lugar que le corresponde en el cuerpo. Al hacerlo junto con el *mantra*, se produce una estimulación física en el *chakra*. Cuando miras fijamente a *Bindu*, el punto en el centro del *yantra*, también estimulas el *chakra Bindu*.

Símbolos De Los Yantras Correspondientes A Cada Chakra						
Chakra	Ubicación	Forma geométrica	Color y complemento	Bija Mantra		Elemento
				Pránico	Mental	
1. Muladhara	Cuello uterino o perineo	Cuadrado	Naranja (Azul)	Lam	Lang	Tierra
2. Swadhistana	Base de la Columna Vertebral	Medialuna	Plateado (Negro)	Vam	Vang	Agua
3. Manipura	Ombligo	Triángulo	Rojo (Verde)	Ram	Rang	Fuego
4. Anahata	Corazón	Hexágono	Azul (Naranja)	Yam	Yang	Aire
5. Vishuddha	Garganta	Óvalo	Violeta (Verde)	Ham	Hang	Éter
6. Ajna	Entrecejo	Sri Yantra	Azul claro (naranja Claro)	Om	Ang	Luz

La energía astral forma una envoltura alrededor del cuerpo físico. Nuestra columna vertebral es como una antena que recoge energía de diferentes frecuencias, tanto en el plano astral como en el material. Mientras haces esta meditación, contacta la energía astral fuera de tu cuerpo físico a través del sistema nervioso y aprende a atraer una frecuencia particular a tu cuerpo. Cuando te hagas sensible a tus energías sutiles, vas a saber cuál *chakra* está bloqueado y necesita un impulso o cuál está débil y necesita ser energizado. Cada vibración tiene un color que corresponde a cierto estado emocional o nivel de consciencia, de modo que podrás utilizar los colores para discriminar con qué energía deseas trabajar. El color que atraigas hacia a ti va a estimular un tono emocional específico en tu cuerpo. Los *chakras* normalmente están bloqueados o bajos de energía, por tanto, deben ser abiertos y fortalecidos antes de que la *Kundalini* logre fluir.

Los maestros *tántricos* idearon los *yantras*, que en realidad eran el complemento de los colores astrales. El uso de estos colores invertidos te permite contactar directamente con la energía astral, la cual se encarga de conectar los *chakras* al sistema nervioso central. Esto produce una estimulación más poderosa de los *chakras* para un desarrollo más rápido.

Trabajar con los colores astrales en el sistema *tántrico* resulta más dinámico.

(Las cartas fueron diseñadas por y para hombres. Sin embargo, la percepción del color en las mujeres es diferente: si una mujer ve colores diferentes a los especificados en los gráficos, no debe preocuparse).

Cada *chakra* también tiene un *Bija mantra* tradicional que los yoguis cantaban para estimularlo. Solo con repetir este sonido transcendental una y otra vez sentirás una vibración en el lugar de tu cuerpo que resuene con ese sonido. Cambiar la consonante final de una "m" a una "ng" produce una resonancia más alta en la cabeza. Esto estimula el *chakra* corona, generando una experiencia más espiritual, más etérea.

Cada *mantra* tiene un tono que es más efectivo que otros. Los tonos más bajos funcionan para los *chakras* inferiores, mientras que los más altos son para los *chakras* superiores. Experimenta con diferentes tonos para descubrir cuál resulta más poderoso para ti.

Mediante el uso conjunto de las imágenes visuales y las vibraciones de los sonidos creas una sensación dinámica dentro de tu sistema nervioso y abres otro aspecto de tu ser.

La técnica de la meditación yantra debe practicarse durante diez minutos cada día, un *yantra* al día. Después de un poco de práctica, podrás prescindir de las tarjetas con los *yantras* y producir la imagen mediante la visualización interna. Serás capaz de estimular cada *chakra* moviendo mentalmente el *yantra* a la posición correspondiente a lo largo de la columna vertebral. Enfocar tu atención en esa área envía energía hacia ella.

En *Tantra*, a esto se le llama "interiorización de los dioses". Los *yantras* se convierten en deidades vivientes dentro del cuerpo físico. Cada vez que activas un *chakra* traes a la consciencia escenas de antiguas experiencias reprimidas, agravios sin perdonar, miedos primigenios, pequeñas heridas e insultos. Todos ellos salen a la superficie para ser bañados con la luz de la consciencia y para ser experimentados, presenciados y disueltos.

Esta meditación es la forma más segura y natural de estimular y armonizar los *chakras*. La práctica diaria va a producir resultados inmediatos. Tu progreso será muy rápido.

PARA COMPRAR LAS TARJETAS DE LA
MEDITACIÓN CHAKRA YANTRA
SOLO VISITA LA PÁGINA WEB:

www.ipsalutantra.org

HAZ CLIC EN PRODUCTS (PRODUCTOS), DESPUÉS HAZ
CLIC EN YANTRA AND ART (YANTRA Y ARTE).

Serás incluido en la correspondencia de nuestra comunidad virtual. También recibirás información acerca de la comunidad y cómo sus actividades pueden ayudarte a explorar el Tantra.

Ipsalu Tantra international

www.ipsalutantra.org • info@ipsalutantra.org

PRÁCTICA INDIVIDUAL

1. Respiración de recarga: (para llevar energía rápidamente al cerebro). Inhala por la nariz mediante una respiración corta, llevando la cabeza hacia atrás. Exhala por la boca, llevando la cabeza hacia adelante, con el sonido "ch". Repite rápidamente este proceso siete veces más. Toma una inhalación profunda, sostenla y relaja.

2. *Mudras* para activar los *chakras*: cuando domines estos ejercicios, podrás agregar el canto y la contemplación de los *yantras*:

a) Centro de tierra: inhala con la lengua enrollada, doblada sobre sí misma (respiración *Sita*) mientras contraes el ano. Exhala mientras contraes el ano de forma lenta y rítmica (cantando "*LAM*").

b) Centro sexual: inhala a través de la nariz imaginando que la respiración entra por el Tercer Ojo. Visualiza cómo la respiración va suavemente hacia abajo, por el pasaje frontal, hasta que llega al Centro de Fuego. A continuación, fuerza el aire hacia abajo y hacia afuera de los genitales. Al exhalar, aprieta el músculo anal y visualiza la energía subiendo por la columna vertebral (cantando "*VAM*").

c) Centro de fuego: toma una respiración *Sita* profunda, llenando el área del estómago. En la exhalación, contrae con fuerza el estómago (mientras cantas "*RAM*"). Trata de bombear veintiséis veces durante una exhalación.

d) Centro de aire: respira por la nariz, estirando los hombros y llevándolos hacia atrás para expandir los músculos del pecho que se encuentran alrededor del corazón. Exhala mientras llevas los hombros hacia adelante (cantando "*YAM*").

e) Centro de éter: respira por la nariz. Cuando la respiración alcance el centro de la garganta, haz un bloqueo con la barbilla. Mientras sostienes la respiración, levanta la barbilla, manteniendo la tensión en la garganta. Exhala (cantando "*JAM*").

f) Centro de luz: presiona el Tercer Ojo con el dedo índice y presiona suavemente cada uno de los párpados utilizando los dedos índice y medio. Inhala a través del Tercer Ojo. Siente cómo se mueve la energía entre el puente psíquico y *Bindu*. Al exhalar (cantando "*OM*"), lleva la energía de vuelta a través del Tercer Ojo y proyéctala hacia el éter.

3. Meditación *yantra*:

a) El primer día, utiliza la tarjeta para el primer *chakra*, la correspondiente al segundo chakra en el segundo día y así sucesivamente. Ubica el *yantra* al nivel de los ojos. Pon a tu lado una vela o una luz para iluminarlo.

b) Enfoca tu mirada en el punto *Bindu*, en el centro del *yantra*. Evita parpadear. Entona el *Bija Mantra* correspondiente a ese centro una y otra vez, aproximadamente una vez por segundo. Haz esto durante uno a tres minutos. Enfoca tu mente en el *yantra* y el *mantra*.

c) Cierra tus ojos y visualiza mentalmente el *yantra* flotando ante ti mientras repites el *mantra* en silencio.

d) Interioriza el símbolo del *yantra*. Inhala suavemente la imagen y llévala al centro de *Ajna*. Luego guíala con tu respiración hacia su ubicación correcta en la columna vertebral. Sé consciente de la estimulación todo el tiempo que te sea posible.

PRÁCTICA EN PAREJA

Kama Marmas son las zonas erógenas que estimulan el cuerpo físico y nutren el cuerpo psíquico, todos ellos son *chakras* y sub-*chakras*. En el culto al sexo, los diferentes *Kama Marmas* son besados, acariciados, ungidos con aceites y perfumes, adorados con los ojos, etc. con la intención de convertir el cuerpo entero en una zona erógena.

El modelo tradicional consiste en primero tocar, después soplar y luego lamer cada parte, por turnos. No es una fórmula rígida, pero cada paso produce una respuesta única y es probable que no quieras perderte ninguna de ellas.

Para que resulte más efectivo, comienza con una zona secundaria, continúa con una primaria y finalmente, ve a una terciaria. Cuando todas ellas se hayan despertado, podrás dirigirte a donde lo desees. Usualmente el lado izquierdo del cuerpo de las mujeres es el más sensible, y en el de los hombres, el lado derecho.

Zonas erógenas tántricas

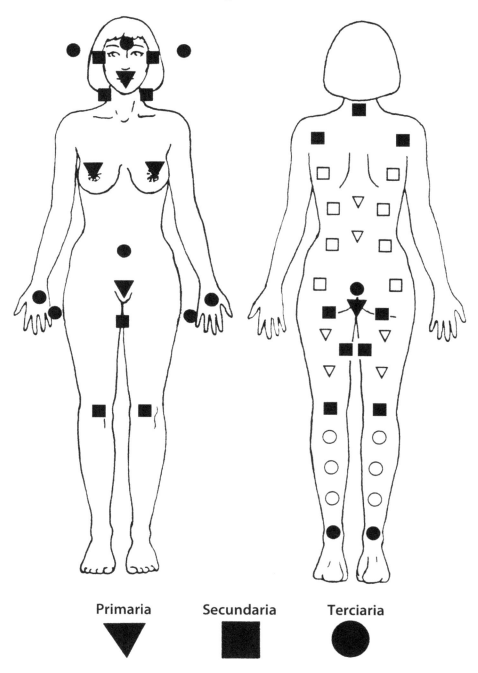

Primaria

Secundaria

Terciaria

Masaje erótico (cargando los *chakras*)

Nivel primario

1. Labios (y labios menores): las lenguas deben unirse, así como los labios.
2. Senos y pezones: los pezones irradian energía psíquica y también "respiran energía" para nutrir el chakra del corazón. La estimulación de los pezones abre el *chakra* del Tercer Ojo y provoca una erección.
3. Genitales: en una mujer, el clítoris es la llave de su sistema nervioso autónomo; en el hombre, la punta del pene.

Nivel secundario

1. Lóbulos de las orejas: estimulan el primer chakra. Primero ve al lóbulo izquierdo para abrir Idá, luego al derecho para abrir Pingalá. El hormigueo va directamente al útero.
2. Nuca: abre el chakra de la garganta y *Sushumná*.
3. La unión sacrolumbar: dar golpecitos allí hace que se abran los dos primeros *chakras* y esto desencadena el reflejo en los genitales.
4. Pliegues de los glúteos (donde las piernas se unen a la cadera): abren el primer *chakra*.
5. Interior de los muslos: las caricias muy suaves en dirección a los genitales abren el segundo *chakra* y hacen que suba el escroto.
6. Parte posterior de las rodillas: estimula el *chakra* de la rodilla y resulta sumamente placentero.

Nivel terciario: (estos puntos permanecen dormidos hasta que se estimulan las zonas secundaria y primaria, aunque una nueva pareja, que sea compatible, puede suscitar un cosquilleo instantáneo en esta zona).

El borde del dedo meñique: una caricia suave genera hormigueo en la columna vertebral.

1. La palma de las manos: es sensible a las caricias con movimientos circulares.
2. Ombligo: las caricias suaves en el sentido de las agujas del reloj abren el *chakra Manipura*.
3. Ano: tiene conexión directa con el primer *chakra*, genera un placer exquisito.

4. Fosas nasales: abren el Ajna. Acariciar, mordisquear y lamer allí genera emociones.
5. Orificio del oído: soplando con fuerza al interior de la oreja, se puede romper un trance.
6. Planta de los pies.
7. Dedo gordo del pie: en algunas personas, puedes inducir un orgasmo al chuparlo.

CONSCIENCIA

1. Toma consciencia de tu sistema de chakras: ten claridad acerca de cuál es el nivel de consciencia que domina tu vida. Aprende a saber dónde estás deteniendo la energía. Comienza a preguntarte por qué no permites que ese aspecto tuyo se manifieste.

2. Sé consciente de los sentimientos que surgen a lo largo del día. Ser testigo de los pensamientos es fácil. Es más difícil mantenerse alejado de las emociones, pero lograrás desarrollar la habilidad para hacerlo. Cuando se manifiesten los sentimientos, no los rechaces. Toma una respiración profunda, siente las emociones totalmente y obsérvate a ti mismo sintiéndolas desde el punto de vista del desapego, como cuando observas la respiración. No necesitas hacer nada, ellas sanan por sí mismas. Los viejos miedos y heridas, experimentados CONSCIENTEMENTE Y SIN JUICIOS, pierden su poder sobre ti y comienzan a desaparecer.

3. Deja ir tus desechos psíquicos: cuando vengan recuerdos dolorosos a tu mente, dirígete al espacio de *Bindu* con aquellas personas con las que tienes cargas emocionales. Comprende que ellos fueron especialmente seleccionados por la existencia pues fueron extraordinariamente idóneos para ser tus maestros. Si son muchas personas, se debe a que estás aprendiendo despacio y la existencia tiene que suministrarte las experiencias una y otra vez hasta que aprendas la lección. Bendice a estas personas por ser exactamente como son. Perdónalos por lo que te han hecho inconscientemente. Perdónate a ti mismo por tardar tanto tiempo en entender la lección. Agradece a la existencia por su perseverancia.

LECCIÓN 7
Sistema de rejuvenecimiento tántrico

El sistema bioenergético humano es un sistema multinivel. Nosotros trabajamos con el cuerpo físico denso (los procesos químicos que activan su red de células y órganos) y con el cuerpo de energía etérica o aura (el *prana* que activa la *Kundalini* y se mueve a través de los *chakras*). Los místicos mencionan otros niveles, pero equilibrar esos dos cuerpos es suficiente para alcanzar la trascendencia.

Este es un antiguo sistema de rejuvenecimiento que ha mantenido a muchos yoguis en perfectas condiciones de salud más allá de los 100 años y que se basa en una estimulación intensa de las glándulas endocrinas. Tal como ya lo hemos mencionado, estas glándulas son al cuerpo físico lo que los chakras son al cuerpo etérico. Todas las técnicas que se presentan en este curso para estimular los *chakras* también estimulan las glándulas endocrinas e incluyen: respiración, limpieza de los *nadis*, movimiento de la energía y masajes.

Las glándulas endocrinas se diferencian de otras glándulas del cuerpo en que no poseen ductos, lo cual significa que las hormonas que producen son liberadas directamente en el torrente sanguíneo y por lo tanto afectan a todo el cuerpo. Las glándulas están estrechamente relacionadas. La debilidad en una de ellas extraerá energía de las demás, pues su función es estimularse y reprimirse entre sí para mantener el equilibrio. Cuando todas las glándulas producen hormonas en una proporción óptima y en perfecto equilibrio, el cuerpo no envejece.

Esas hormonas también son esenciales en la preparación del cuerpo para recibir la experiencia de la *Kundalini*. Debes estar en una óptima condición de salud para que se manifieste la consciencia. De otro modo, no podrás manejar la energía. En *Tantra* comenzamos en el nivel físico, trabajando por medio de la unión sexual para estimular las hormonas sexuales. Es prerrequisito para la experiencia tántrica tener un nivel alto de energía en tus glándulas sexuales. Su energía puede distribuirse por todo el cuerpo para que esté preparado para la consciencia universal.

Cada *chakra* produce un "campo de energía de vórtice" que, en una persona sana normal, gira a gran velocidad, controlando la energía psíquica del cuerpo. A medida que envejecemos, agobiados por el estrés de la vida moderna, algunos *chakras* disminuyen su velocidad, provocando un desequilibrio en la energía. Esto conduce a un deterioro de la salud del cuerpo y finalmente a su muerte.

Esta serie de ejercicios es fácil de hacer. Una vez los domines, te tomará tan solo diez minutos hacerlos. Los ejercicios estimulan la circulación de la sangre oxigenada a través de todo el cuerpo y equilibran la energía vital en los *chakras*.

Algunos de estos movimientos pueden parecerse a los que has hecho en el gimnasio, pero este no es un programa de ejercicios aeróbicos ni de tonificación muscular, aunque eso también podría suceder como un efecto secundario. Este programa está diseñado expresamente para equilibrar y estimular los *chakras* (glándulas endocrinas).

Las posturas están diseñadas para devolver el cuerpo energético a un estado de balance, restaurando la velocidad con la que giran los *chakras* al nivel de una persona normal de veinticinco años. Si se mantiene el equilibrio del cuerpo energético durante un período de tiempo, esto afectará al cuerpo físico, haciendo que las glándulas segreguen de nuevo y en perfecto equilibrio aquellas hormonas que son la clave de la vitalidad y la salud radiante.

El sistema *Kaya Kalpa* para el rejuvenecimiento es una práctica mucho más amplia que hace parte integral de la práctica avanzada del *Kriya Yoga*. "*Kaya Kalpa*" significa "cuerpo inmortal". El régimen completo de *Kaya Kalpa* se lleva a cabo durante noventa días de aislamiento. Se debe estar bajo la supervisión de un médico Ayurvédico experimentado, ya que implica el uso de potentes hierbas y narcóticos. Las fórmulas alquímicas del mercurio y otras substancias, que pueden ser venenosas si se preparan de forma incorrecta, servirán para restaurar un cuerpo que está envejeciendo y llevarlo a un estado óptimo. También hay unas prácticas exóticas que podemos mencionar únicamente con el fin de complementar el proceso, pero que no recomendamos que se realicen fuera del entorno del monasterio (esto incluye cosas como beber orina o sangre menstrual). La "malteada *tántrica*" es un tónico muy nutritivo que se compone de una mezcla de semen y secreciones vaginales. Esa misma mezcla puede ser usada como una mascarilla facial con increíbles efectos de rejuvenecimiento en la piel.

Estas prácticas pueden parecer extremas, pero hay mucho en juego aquí. Los *yoguis* avanzados en la práctica del *Kaya Kalpa* buscan la inmortalidad del cuerpo físico y algunos la han conseguido.

No hace falta decir que este entrenamiento es clandestino y muy secreto. El ego se siente fascinado por la idea de la inmortalidad y haría todo lo posible por aprender cómo lograrlo. Los métodos solo están disponibles para quienes hayan trascendido el ego y quieran más tiempo como mortales para terminar su viaje espiritual.

Consideraciones alimenticias. Hay muchos libros disponibles acerca de cómo mejorar tu dieta. Ese es un tema demasiado amplio para incluirlo en esta breve discusión, pero aquí hay algunas cosas importantes que puedes explorar:

1. Mezcla miel y ghee (mantequilla clarificada) en cantidades iguales. Toma una cucharada sopera cada día, para lubricar los órganos internos y darle brillo a tu piel.

2. Los alimentos solares (cultivados bajo el sol) son la base de muchos sistemas de rejuvenecimiento, ya que la energía de este astro tiene un poder dador de vida. Con la tecnología moderna hemos descubierto que la molécula de la clorofila es capaz de capturar su energía. Los alimentos con niveles más elevados de clorofila, el rejuvenecedor más potente que puedes consumir, es el jugo de pasto de trigo fresco. Hemos observado cómo con tan solo beber dos o tres onzas de este jugo todos los días, el cabello gris se torna negro de nuevo en algunas semanas, y también cómo desaparecen los dolores crónicos y se da una mejoría sorprendente a nivel de tu energía y vitalidad.

Esto acelera el proceso de curaciónde cualquier tipo de herida o infección, revierte el proceso en enfermedades degenerativas, desintoxica e incluso protege contra la radiación.

3. Hazte las pruebas de sensibilidad a los alimentos, ya sea en un laboratorio o con un especialista en kinesiología, radiónica o pendulación. Si sometes constantemente a tu cuerpo a alimentos que este considera tóxicos, estás exponiendo tu sistema inmunológico a una gran cantidad de estrés innecesario.

4. La deshidratación es la causa de la mayoría de las enfermedades degenerativas. Bebe dos litros de agua manantial al día. La sal regula el nivel de agua en el cuerpo; sin embargo, cuando se calienta la sal de mesa, la estructura de sus cristales se distorsiona, por lo cual no cumple con su función, provocando una deshidratación crónica en la mayoría de las personas. Debes utilizar únicamente sal marina o kosher.

Muchos libros y sistemas incluyen ahora **las posturas de rejuvenecimiento.** Reciben el nombre de "los tibetanos" o los *cinco ritos de rejuvenecimiento*. Desafortunadamente, el hombre que originalmente los trajo a Inglaterra desde el Tíbet dejó por fuera el aspecto más importante del sistema, el único detalle que hace que los movimientos sean realmente eficaces.

Si haces una contracción anal con cada exhalación, estimulas la energía *prana Shakti*. Liberar esa contracción en la inhalación, impulsa esa energía en el cuerpo. Coordina la respiración con el movimiento, tomando una respiración por cada repetición. Inhala por la nariz y exhala por la boca para purificar el cuerpo.

Cuando practiques las posturas, sentirás una recarga de energía, una verdadera avalancha de energía *Shakti*. A veces es demasiado y se genera una sensación de náusea mientras se limpian los canales. Tómate tu tiempo y haz lo que te sea posible sin sobrepasar tus límites. Cada movimiento es una meditación. Enfoca tu atención en el movimiento y la energía.

··

PRÁCTICA INDIVIDUAL

··

1. ***Shakti-Shiva Mudra.*** Para conseguir que fluya la energía comenzamos con la disciplina física de las posturas. Luego distribuimos la energía por el cuerpo haciendo tres repeticiones del siguiente *mudra*. Respira lentamente por la nariz siendo consciente de la energía que se está moviendo.

   a) Ponte de pie, separando los pies al ancho de los hombros, con las rodillas ligeramente flexionadas y la espalda recta. Inhala a medida que subes las manos con las palmas hacia arriba, llevándolas frente al pecho, a nivel del corazón, con los codos cerca al cuerpo. Siente que estás extrayendo energía *Shakti* de la tierra.

   b) Exhala a medida que empujas tus manos completamente hacia el frente, a la altura de los hombros, con las palmas hacia adelante y en posición vertical. Estás devolviéndole la energía al mundo.

   c) Endereza las muñecas e inhala mientras levantas tus brazos sobre la cabeza, con las palmas abiertas hacia el cielo—energía *Shiva* (brazos a las 10:00 y a las 2:00).

   d) Exhala mientras bajas los brazos (de forma muy lenta y consciente) formando dos grandes arcos. Con las palmas hacia el cuerpo (en la mujer, la mano derecha está cerca del cuerpo; en el caso del hombre, es la mano izquierda la que está más cerca). Las manos se cruzan frente a la cara y de nuevo, al nivel de los genitales. Cuando lo hagan, no permitas que se toquen, ya que causaría un corto circuito en la energía. Siente la energía mientras pasas por los genitales.

2. **Posturas de rejuvenecimiento.** Cada postura deberá hacerse únicamente 21 veces. Al principio haz el número de repeticiones que sea cómodo para ti, a la velocidad con la que te sientas bien. Algunas personas pueden hacerlas muy rápido, mientras que a otras les gusta ir más despacio. Si no puedes hacer muchas o no puedes hacer la posición completa, no debes preocuparte. Con la práctica, tus músculos se tornarán más fuertes y flexibles y tu energía va a aumentar.

Adopta la "posición de la estrella", con los pies separados y los brazos extendidos a la altura de los hombros. Gira la palma de tu mano izquierda hacia arriba y la derecha hacia abajo. Siente cómo el flujo de energía pasa por tu mano izquierda, luego a través del

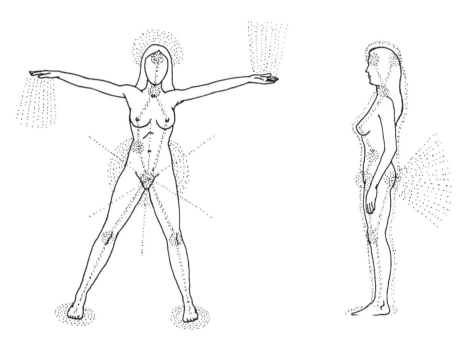

cuerpo y luego sale a través de tu mano derecha, de vuelta a la tierra. Si no te sientes a gusto de esta manera, invierte la posición de las palmas: algunas personas reciben a través de su mano derecha y envían hacia afuera a través de la mano izquierda. La energía que viene desde arriba se siente caliente, la que se regresa a la tierra se siente fría.

Los vórtices en los que estos ejercicios influyen más son aquellos que se relacionan con las rodillas, el centro sexual (gónadas), el hígado/bazo, la garganta (tiroides) y dos de ellos con el cerebro (glándulas pituitaria y pineal).

Parte A. El primer ejercicio consiste en girar de manera similar a como lo hacen los derviches giróvagos de Persia. Sirve para acelerar todos los *chakras*, particularmente los de las rodillas.

1. Extiende los brazos hacia los lados en posición horizontal, con la palma receptora hacia arriba y la palma dadora hacia abajo (si el espacio es limitado, la mano izquierda puede extenderse hacia arriba y la derecha hacia abajo, con las palmas hacia abajo y hacia arriba, respectivamente). Luego, gira a tu propia velocidad en el sentido de las manecillas del reloj (con el brazo derecho yendo hacia atrás). Escoge un objeto que haya en el espacio para enfocarte en él y contar cada vez que tus ojos vuelvan allí. Gira hasta que sientas estás mareado, pero no lo hagas más de veintiún veces. Respira como lo haces normalmente.

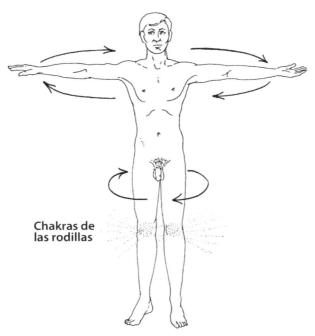

Chakras de
las rodillas

2. Para eliminar el mareo, con los brazos todavía extendidos, empuña ambas manos suavemente con los dedos índices apuntando hacia arriba. Con los dos dedos índices en tu visión periférica, arquea tus brazos trayéndolos hacia el frente al nivel de los ojos. Cuando

se encuentren en la parte de adelante, lleva las manos hacia el corazón mientras llevas tu mirada hacia ellas. Date tres golpecitos en la parte trasera del cuello. El mareo desaparecerá.

Parte B. Este ejercicio sirve para estimular la garganta y el centro sexual.
1. Acuéstate boca arriba con las piernas extendidas, las manos debajo de las nalgas y las palmas hacia abajo. En un movimiento coordinado, a medida que exhalas (boca), contrae el esfínter anal/ cuello uterino y eleva simultáneamente las piernas y la cabeza. Las rodillas deben mantenerse rectas y las piernas juntas mientras llevas los pies por encima de la cabeza. El mentón debe presionarse contra el pecho. Mantén las caderas tocando el suelo.

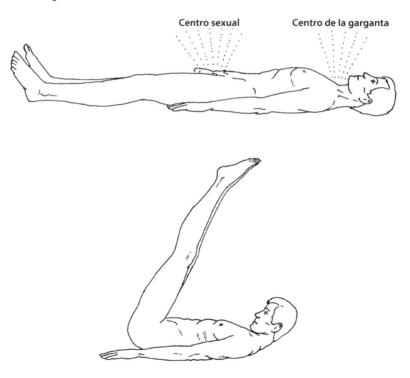

2. Mientras inhalas (nariz), baja lentamente la cabeza y las piernas hacia el suelo. Permite por un instante que tus músculos se relajen.

3. Puedes repetirlo tantas veces como quieras, no más de veintiún veces.
4. Haz tres mudras *Shakti-Shiva*.

Parte C. Este ejercicio está diseñado para estimular el centro de energía sexual y así alcanzar la actividad plena. Con el tiempo podrás hacerlo con los ojos cerrados de manera que la mente pueda ir al interior. Si al principio te mareas, mantén tus ojos abiertos hasta que te acostumbres al torrente de energía.
1. Con tu espalda recta, arrodíllate en el suelo y pon tus manos en la parte de atrás de tus muslos. Pon los dedos de los pies debajo para estimular los puntos reflejos de las glándulas pineal y pituitaria. Exhala por la boca, presiona el mentón contra el pecho sin que tu cintura se doble hacia adelante y contrae los músculos del ano/ cuello uterino.

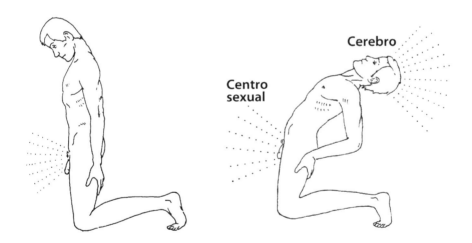

2. Mientras inhalas por la nariz, inclínate hacia atrás tanto como te sea posible, dejando caer la cabeza hacia atrás, y relaja el esfínter anal/cuello uterino.
3. Regresa a la posición inicial y contrae el ano/ cuello uterino.
4. Repite cuantas veces lo desees, y a continuación haz tres *mudras Shakti-Shiva*.

Parte D. Aunque este ejercicio parece difícil, realmente es muy sencillo, además de ser un estimulante muy poderoso para los chakras de la garganta, las rodillas y los *chakras* sexuales.

1. Siéntate en el suelo con las piernas estiradas hacia el frente. Ubica las manos en el suelo al lado de las caderas. Los dedos deben estar estirados mirando hacia adelante, aunque para algunas personas resulta más cómodo poner los dedos señalando hacia los lados o hacia atrás. Exhala por la boca presionando el mentón contra el pecho mientras contraes los músculos del ano/cuello uterino.

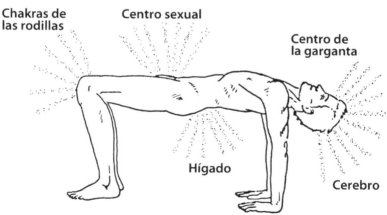

Chakras de las rodillas

Centro sexual

Centro de la garganta

Hígado

Cerebro

2. Inhala por la nariz, relaja la contracción del ano/cuello uterino y lleva las caderas hacia adelante y hacia arriba tan alto como te sea posible, de manera que la espalda quede en posición horizontal,

como una mesa humana. Esto se logra haciendo un movimiento de barrido hacia arriba. Deja caer la cabeza hacia atrás.

3. Exhala a medida que regreses a la posición inicial.
4. Repite cuantas veces lo desees y luego haz tres *mudras*.

Parte E. Este ejercicio estimula los centros cerebrales, el centro de la garganta y el centro sexual.

1. Acuéstate boca abajo, ubica tus manos debajo de cada uno de los hombros con los dedos señalando hacia el frente y empuja tu cuerpo hacia arriba, en posición de cobra. Las caderas se dejan caer hacia abajo de manera que la espalda se arquee. La cabeza debe ir hacia atrás, con los ojos mirando hacia arriba. Los dedos de las

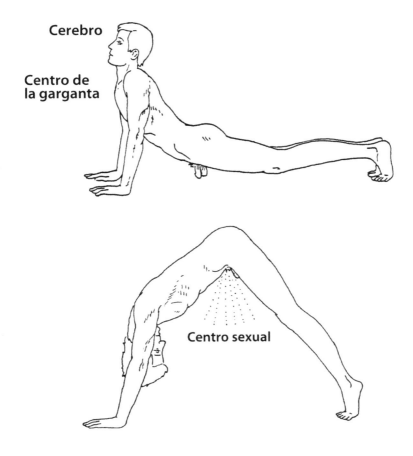

manos y pies soportan todo tu peso (si no tienes suficiente fuerza para hacer esto, la alternativa es hacer una versión modificada descansando el cuerpo sobre el suelo durante la posición cobra, o incluso trabajando desde una posición en la que apoyes las manos y las rodillas hasta que te fortalezcas).

2. Al exhalar por la boca, lleva las caderas hacia arriba, de manera que el cuerpo forme una "V" invertida. El mentón debe presionar el pecho mientras contraes el ano/cuello uterino.
3. Inhala por la nariz, relaja el ano/cuello uterino y regresa lentamente a la posición inicial.
4. Repite este ejercicio las veces que desees y luego ve directo a la Parte F.

Parte F. El movimiento final consiste en estirar la columna vertebral para permitir que la energía se eleve.
1. Acuéstate sobre la espalda e inhala a medida que levantas los brazos sobre la cabeza, extendiéndolos lentamente hasta llegar al suelo que se encuentra detrás de ti.
2. Sostén la respiración y extiende tus brazos hacia arriba, con los dedos de los pies como si estuvieras señalando con ellos, y estíralos. Estira también la columna vertebral.
3. Exhala a medida que relajas las piernas y levanta los brazos por encima de tu cara.
4. Inhala y estírate hacia atrás. Repite dos veces más.

3. La meditación *OM-AH-HUM* es la clave para sacar el mayor beneficio de las posturas de rejuvenecimiento. Después de hacerlas vas a tener una gran cantidad de energía sexual, tanta como cuando estás haciendo el amor y estás muy excitado. Vas a utilizar la respiración y el *mantra* para hacer que esta energía circule por el cuerpo y así transmutarla a

niveles de energía más altos. Si vienen pensamientos o divagaciones a tu mente, sé el testigo y luego regresa para estar totalmente presente en el momento.

Como las posturas estimulan y ajustan el sistema de energía densa, la meditación *OM-AH-HUM* armoniza las capas de energía más sutiles del cuerpo como medio para la autosanación y el aumento de la capacidad de sanar a otros.

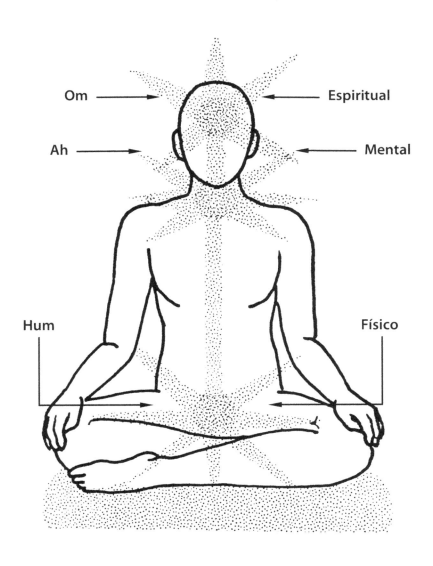

a. Inhala lentamente. Sostén la respiración.

b. Exhala mientras entonas el *mantra OM-AH-HUM*. Experimenta el *"OM"* en la frente, siente el *"AH"* en el corazón y el *"HUM"* en el centro sexual. Para conducir el sonido con mayor intensidad hacia el centro sexual, tensa los músculos del ano/cuello uterino mientras pronuncias el *"HUM"*. A continuación, relaja la tensión, inhala y envía la energía sexual al cerebro para su transmutación en luz espiritual.

c. Hazlo tres veces en voz alta, después interiorízalo.

d. Siéntate en silencio durante diez minutos y experimenta la expansión de la energía en tu cuerpo y tu cerebro. Observa cualquier pensamiento que pueda llegar a tu mente. Solamente míralo ir y venir como un observador imparcial.

PRÁCTICA EN PAREJA

Masaje para cargar los chakras

Esta es la segunda mitad del masaje *Kundalini*, que trae la energía de vuelta al cuerpo para prepararse para hacer el amor. Esta forma de masaje trabaja en el nivel etérico. Quien da el masaje está proyectando energía psíquica a través de las palmas de sus manos para estimular los *chakras* de quien lo recibe. Esto puede parecer abstracto, pero quien lo está recibiendo no tiene duda de que algo está sucediendo.

Si acabas de hacer los ejercicios de rejuvenecimiento, tendrás energía en abundancia para dar. Ahora trae la energía a tus manos, como lo hicimos en la preparación para el masaje *Kundalini*. Deja que esto sea una meditación para los dos y permanece totalmente absorto en la experiencia. Sé cada vez más sensible a las corrientes sutiles con las que estás trabajando.

Esta no es una fórmula rígida, es solo un punto de partida. Confía en tu intuición. Si te sientes atraído a pasar más tiempo en un área específica y menos tiempo en otra, confía en eso.

Puedes dedicar este tiempo para practicar "leyendo" un cuerpo, como en la Lección 1. Observa la textura de la energía en cada *chakra*.

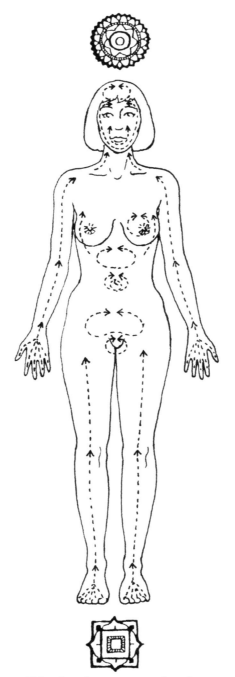

Técnica de recarga tántrica

Mantente abierto y disponible ante cualquier información que se te presente. Entre más silenciosa se encuentre tu mente, más dispuesta estará para recibir comunicaciones, psíquicamente hablando. Para aquietar la mente, utiliza las técnicas descritas en la lección 8.

Este masaje está descrito como si fuera el hombre quien lo estuviera dando y la mujer quien lo estuviera recibiendo. Cuando las posiciones se invierten, se aplican exactamente los mismos pasos.

1. *Chakras* **de los pies**: comienza donde la energía de la tierra entra en el cuerpo. Sujeta los pies y siente la conexión con ellos.
2. **Pierna**: recorre las piernas, siguiendo las líneas de los meridianos. Acariciar la parte externa de los muslos de ella estimula su energía *Shiva* y relaja el sistema urogenital. Acariciar la parte interna de las piernas despierta su *Shakti*, estimulando los *nadis* sexuales que están conectados con su vagina y provoca el flujo de sus secreciones.
3. **Centro sexual**: proyecta calor psíquico sobre su zona púbica a través de tus palmas. Esto electrifica los fluidos vaginales y crea las hormonas que son activadas por las *ojas*. Haz unos pequeños movimientos circulares.
4. **Centro del plexo solar**: la energía de las *ojas* se recolecta en el plexo solar, el reservorio de la energía psíquica, para crear un generador de energía viviente.
5. **Centro del corazón**: ahora lleva la energía al esternón, masajeando la glándula del timo para abrir el chakra del corazón. Esto estimula directamente el sistema inmunológico, protegiéndola de las enfermedades.
6. **Senos (mamas)**: haz un barrido de energía varias veces hacia los lados de los senos. A continuación, pon las palmas de las manos sobre los pezones y haz pequeños círculos. Masajeando sus senos de esta manera, mientras proyectas energía a través del *chakra* de las palmas de tus manos, el código genético femenino envía señales de un falso embarazo, de la presencia de nueva vida en los órganos reproductores. Como respuesta, su cuerpo va a relajar el flujo de sangre menstrual, justo como si la succión de un bebé estuviera inhibiendo su ciclo menstrual normal.

7. **Centro de la garganta**: proyecta energía a la glándula tiroides, la reguladora del metabolismo.
8. **Brazos**: haz un barrido de la energía subiendo desde sus manos, a lo largo de sus brazos, hombros, cuello y cabeza, y luego hacia afuera.
9. **Tercer Ojo**: pon la palma de tu mano dadora sobre su frente para energizar el centro psíquico.
10. **Equilibrando**: con una mano en su cabeza y la otra sobre su vagina, siente la energía fría en su cabeza. Esto indica que la energía *Shakti* fue transmutada durante todo el recorrido a lo largo de la columna.
11. **Conexión a tierra**: para traer la energía *Shakti* de regreso al cuerpo, haz movimientos de barrido por ambos lados, desde la cabeza hasta los pies, siguiendo el contorno del cuerpo. El toque final vendría directamente por la línea central delantera.

CONSCIENCIA

Tu sistema de creencias. trae a la consciencia tus actitudes acerca del envejecimiento. ¿Tienes alguna resistencia frente a la idea de que el rejuvenecimiento sea posible? ¿Estás convencido de que el envejecimiento es inevitable y que no se debe interferir con el proceso? ¿Te has preguntado incluso si sea algo que quieres? ¿O estás esperando envejecer y enfermar de manera que nadie espere mucho de ti? ¿Esperas estar activo sexualmente toda la vida, o tienes un límite de edad preestablecido en el que la actividad sexual ya no será parte de tu vida?

Las actitudes y expectativas que albergas, incluso si no eres consciente de ellas, afectan en gran medida la forma en la que tu cuerpo se sostiene a sí mismo. Al menos identifica cuáles son esas actitudes.

LECCIÓN 8

Meditación y mantra

Los *mantras* son sonidos trascendentales de poder que producen una reacción específica en el cuerpo humano y en la mente. Son ciertas cualidades de la vibración de los éteres, escuchados en primera instancia por seres puros en tan profunda meditación que se fusionaron con la luz interior. Esas mismas vibraciones pueden ser utilizadas por otros para abrirse a estados superiores de consciencia y despertar sus poderes psíquicos latentes. Los *mantras* crean una resonancia entre tus profundidades internas y tú.

Es el sonido, no el significado de las palabras, el que tiene poder. Al ser traducidos a otro idioma, no tienen ningún efecto. Algunos textos *tántricos* occidentalizados te dicen que cantes palabras como "amor" como si eso pudiera afectar tu experiencia, pero se pierde el sentido del *mantra*.

Muchos mantras famosos son los nombres de las deidades del panteón hindú. ¡Hemos tenido estudiantes que se abstienen de emplear estas palabras por temor a estar comprometiendo su integridad mediante la invocación de dioses paganos! Haz consciencia del hecho de que el mantra evoca un cierto aspecto del ser y que cada dios fue creado para personificar alguno de estos aspectos. No es sorprendente que los dioses hayan sido nombrados a partir del *mantra* y no viceversa.

La repetición constante de estos sonidos desconecta otros estímulos, y esto hace que los sentidos se aparten del mundo exterior. A su vez, esto permite que te sintonices con el mundo interior. El sistema nervioso, que usualmente está en una carrera frenética por transmitir la información entrante, se aquieta al no tener mensajes que procesar. Es entonces cuando te haces consciente, sin pensamientos de los cuales ser consciente, y te das cuenta cada vez más de las energías sutiles que te rodean, hasta que finalmente comprendes que eres uno con el universo. Esa es la liberación, el objetivo de todos los yogas.

La práctica de la repetición de *mantras* se llama *Japa Yoga*, uno de los caminos más antiguos y seguros. Es eficaz porque es mecánico. Dado que la consciencia de sí mismo es simplemente una cuestión de percepción y este es un proceso mecánico, todo lo que tienes que hacer es ajustar la maquinaria. El problema es que se requieren muchas horas al día durante muchos años para hacer algún progreso. No muchos en Occidente tienen tanta paciencia y dedicación. Además, debes utilizar un *mantra* que se adapte específicamente a tu personalidad y solo un maestro puede decirte cuál es.

El uso de los mantras es muy importante en *Tantra Kriya Yoga*, pero como es habitual, el *Tantra* ha inventado formas más rápidas para obtener resultados. Los *mantras* que utilizamos son universales, por lo que cualquier persona puede usarlos de forma efectiva.

OM es el *mantra* semilla cósmico, el sonido de la iluminación. Este *mantra* centra los pensamientos y es una buena preparación para la meditación, pues aporta relajación y sensación de paz interior. *OM* es útil para entrar en contacto con la mente superior o con el Ser Superior.

Una de las claves para utilizar el *mantra* de forma eficaz es la pronunciación correcta: tiene que vibrar adecuadamente o no habrá energía. Hay muchas maneras de cantar el *mantra OM*, cada una vibrando en un nivel diferente y produciendo efectos diferentes en los *chakras*. Si quieres activar los *chakras* cerebrales, entona OH de forma breve, luego ve rápidamente al sonido MMM durante el resto de la respiración. Puedes sentir la vibración en el Tercer Ojo.

El *mantra* "I" es útil para activar el sexto *chakra* y acallar la mente. Utiliza un tono alto al entonar este *mantra*, uno que haga vibrar el bulbo raquídeo (donde se encuentran el cerebro y la médula espinal), y que es el portal de regreso al Tercer Ojo, su aspecto femenino.

Los *mantras* utilizados en los rituales *tántricos* y en la iniciación incluyen:

OM NAMAH SHIVAYA - una invocación de la energía solar (*Shiva*).

OM SHIVA HUM - invoca la consciencia de *Shiva* al prepararse para su unión con *Shakti*. *HUM* es el sonido del poder, empuja a la energía hacia su realización.

OM ADI SHAKTI NAMAH - una invocación de la energía de la tierra (*Shakti*).

OM MANE PADME HUM - la iluminación puede manifestarse a medida que lo masculino entra en lo femenino, la Joya en el loto. Canta este *mantra* durante cinco a diez minutos, solo o con tu pareja, para crear un espacio exquisito.

GATE, GATE, PARAGATE, PARASAMGATE, BODHI SWAHA - a partir del *Sutra* del corazón de Buda, este hermoso *mantra* permite que los campos de energía se toquen y se fusionen de modo que el individuo se sienta uno con otra persona o con un grupo. Para estimular el *chakra* del corazón, siente la vibración del sonido AH en tu pecho. Significa "ido, ido, ido más allá, más allá del más allá. Vivan los que han despertado".

Los mantras pueden ser utilizados para la sanación. Los *Bija Mantras* (Lección 6) tienen una influencia sanadora ante cualquier dolencia que esté cerca de su *chakra* correspondiente. A medida que te vas moviendo a través de los niveles de la Respiración Cobra, te serán entregados los *mantras* avanzados.

Para practicar los *mantras*, siéntate en una postura meditativa relajada, ya sea en el piso o en una silla. Permite que tu mente se tranquilice mientras cantas. No fuerces la concentración, simplemente permite que suceda. Respira profundamente por la nariz. A medida que liberes la respiración, pronuncia el *mantra* con claridad y de manera constante, resonando hasta que la respiración se agote. Luego inhala de nuevo y repite el *mantra*. Continúa hasta que sientas sus efectos o hasta que quieras detenerte.

Uno de los secretos para utilizar un *mantra* es disminuir el volumen con cada repetición hasta que puedas interiorizarlo, es decir, escucharlo en tu mente. El *mantra* comienza como una vibración sonora, pero a medida que se interioriza, realmente genera poder. Cantarlo al mismo volumen tiene un efecto menor.

Otro secreto, del cual se dice que es uno de los Grandes secretos de poder, fue revelado recientemente por los grandes *yoguis* del Himalaya: cuando utilices un *mantra* para activar un *chakra* determinado, pronúncialo en silencio al inhalar y de forma audible al exhalar. El *mantra* silencioso genera una vibración en el cuerpo etérico y el *mantra* sonoro extrae energía de la *Kundalini* para manifestar esa vibración etérica, liberando el poder del *chakra*.

La técnica de *Khechari Mudra* es otro secreto para utilizar los *mantras* silenciosos. Un *mantra* puede llevarte a un estado alterado de consciencia, pero si deseas utilizarlo en tu vida diaria, mantén tu lengua tocando el paladar. Enrolla la punta de la lengua y llévala tan atrás como puedas, sin forzarla. El uso del *mantra* te mantendrá sereno, siempre que recuerdes contener la energía. *Khechari Mudra* activa el músculo del esfínter anal y conserva tu energía para que no sea liberada ni consumida, por lo que la vibración sube y te mantiene enfocado y con energía. Mediante la activación del esfínter anal, *Khechari Mudra* ayuda a estimular y a despertar la *Kundalini Shakti*.

Khechari Mudra es útil para aquietar la mente. A medida que la mente parlotea, tu lengua dice silenciosamente las palabras en micro movimientos. Al inmovilizar la lengua, detienes el parloteo.

En la tradición hindú, adherir la lengua a la parte posterior de la garganta es considerado como culto a *Ganesh*, el dios elefante. La lengua simboliza el pene, por lo que te estás haciendo el amor a ti mismo.

En el paladar hay puntos de presión y glándulas que controlan muchas funciones del cuerpo. Por esto, *Khechari Mudra* es muy benéfico para la salud. La práctica crea una presión en la parte posterior de tu garganta que estimula el bulbo raquídeo. La cresta occipital, el punto externo más cercano al bulbo, es uno de los puntos principales en la acupresión (digitopuntura). Se dice que es aquí por donde el aliento de Dios entra al cuerpo. Estimular este punto le da al cuerpo un impulso energético total. A medida que liberes la lengua, sentirás una vibración en la parte posterior de tu cuello que te producirá una ola de relajación.

La punta de la lengua es el extremo del canal de energía, por lo que es un interruptor, un mecanismo de control. En la apertura del Tercer Ojo, el puente psíquico debe estar unido, es decir, debe haber una conexión directa entre el bulbo raquídeo y el centro *Ajna*. La punta de la lengua, al tocar el paladar cerca de la parte frontal, completa esta conexión y estimula la pituitaria. Al hacerlo, estimula el *chakra* de la corona. Cuando la lengua regresa y la punta toca el paladar blando, estimula la glándula pineal.

La glándula pineal despierta segrega hormonas que comienzan a gotear a través del sistema para revitalizar tu cuerpo. Cuando perfecciones esta práctica experimentarás el sabor dulce, similar al de la miel, del "néctar divino" o el "agua viva". Su sabor es delicioso y te proporciona una sensación de bienestar. El néctar incluye la serotonina, que es la precursora de las endorfinas, opiáceos naturales del cuerpo. Utilizado en conjunto con otras prácticas, *Khechari Mudra* puede producir efectos psicodélicos.

El néctar elimina la sensación de hambre o sed y con el tiempo elimina la necesidad de comer, por lo que ha sido utilizado con éxito como una manera de perder peso. Esta práctica les permite a los yoguis permanecer en estado de animación suspendida, sin alimento o bebida, por periodos prolongados de tiempo.

Si sientes un sabor amargo durante el ejercicio, puede ser perjudicial y deberás interrumpir la práctica. Probablemente significa que el cerebro está almacenando algún químico, como por ejemplo residuos de LSD.

En la tradición taoísta, la conexión de la lengua se utiliza para completar la órbita micro cósmica de la energía. En la práctica del *Tantra*, se utiliza principalmente para aquietar la mente. Cuando sientas que la energía de la *Kundalini* se mueve hacia arriba y hacia abajo por la columna vertebral, tendrás una sensación de control.

La lengua juega un papel crucial en la experiencia *tántrica*. Al hacer el amor, durante el orgasmo, utilizamos cierto *mantra* a medida que liberamos *Khechari Mudra* y todo el cuerpo se inunda de energía. Esto hace parte de la técnica de la Respiración Cobra.

El efecto del *Khechari Mudra* se optimiza cuando se hace en combinación con una técnica llamada respiración psíquica: eleva la glotis y respira, como si estuvieras respirando por la garganta en lugar de hacerlo por la nariz. Esto produce un suave ronquido, como el sonido de un bebé durmiendo.

MEDITACIÓN

La verdadera experiencia de la meditación comienza cuando suspendes las técnicas y liberas el *mantra*. La mayoría de las "meditaciones" son en realidad formas de autohipnosis o escritura de guiones que mantienen la mente agitada y activa. Cuando caes en la verdadera meditación, todos los pensamientos cesan. El pensador no existe, puede haber imágenes y visiones, pero no palabras ni conceptos, no hay objetivos. Sintonizarse con la mente universal significa cortar este proceso de pensamiento de los cinco sentidos.

Así que no pienses que si estás haciendo la técnica estás meditando. Alguna vez estuve bajo la ilusión de que cantar *OM-OM* era meditar. Entonces descubrí que solo después de que dejé de cantar el *OM* podía escucharlo realmente. Ahí sí estaba en meditación. La Respiración Cobra o cualquier otra técnica solo están preparándote para el estado de meditación que consiste en no pensar y apartarse de los sentidos, descansando en el estado de consciencia del gozo puro.

MEDITACIÓN *HONG-SAU*

Mientras estemos en un vehículo físico que opera a través del ego, tendremos pensamientos. Las prácticas de meditación que nos piden aquietarlos son engañosas; sin embargo, existen técnicas para detener temporalmente el pensamiento, solo para darnos un descanso. Una de esas técnicas es el *Hong Sau* (se pronuncia "sah"), meditación de la respiración.

El *pranayama Hong Sau* es una técnica poderosa que se utiliza para aquietar todo el cuerpo. Debido a que esta técnica oxigena el sistema al eliminar dióxido de carbono, ralentiza la actividad cardíaca y pulmonar. Cuando el sistema cardiovascular está completamente oxigenado, no necesitas respirar. Este estado sin respiración tiene el efecto de tranquilizar los cinco sentidos, permitiendo así, que se desarrolle un estado superior de consciencia. El cuerpo ya no necesita energía proveniente de los alimentos ni del oxígeno para su supervivencia. A

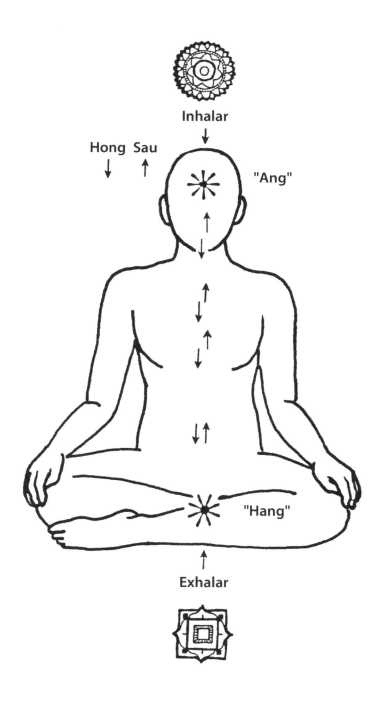

cambio, puede obtener sustento directamente del prana que entra al cuerpo por la Boca de Dios (base del cráneo).

Hong Sau es el sonido interno que está aconteciendo dentro de tu cuerpo mientras inhalas y exhalas. La respiración contiene el *mantra* y esa es la clave que te llevará a un espacio muy profundo. Coordina el *mantra* con la respiración y la visualización. Al inhalar, lleva el sonido "*Hong*" desde el Tercer Ojo, bajando por la columna vertebral, hasta llegar al perineo. Al exhalar, pronuncia "*Sau*" ("SAH") mentalmente, mientras traes la energía que sube por la columna y sale por el Tercer Ojo. Esto estimula la glándula pituitaria.

Observa que esto es opuesto a la respiración que has hecho en *Prana Mudra*. Allí la inhalación halaba energía que ascendía por la columna vertebral, mientras que aquí la energía baja por ella.

Hong Sau tiene una tendencia a cambiar en la meditación: algunas veces va a sonar como *Hong Sau* y otras veces cambiará a *So Hum*. Podría empezar a la inversa, de modo que la inhalación se convirtiera en "*sau*" y la exhalación en "hong". Permite que oscile hasta que alcance el punto de la disnea (estado sin respiración).

Una vez que hayas dominado la técnica de *Hong Sau*, emerge un estado sin respiración, una muerte sin morir. Dejas de respirar externamente y comienzas a respirar internamente. No es como contener la respiración, simplemente te das cuenta de que no has respirado durante dos o tres minutos sin sentir ninguna necesidad de hacerlo. Cuando los pensamientos se detienen, la respiración también lo hace. Ese es el aliento de Dios, el estado puro, libre de pensamientos.

Cuando la respiración se detiene, puede acontecer el estado de Samadhi, el cese de los pensamientos. Con los sentidos en reposo estás en capacidad de entrar en sintonía con las Corrientes Cósmicas del Sonido. Cuando comiences a hacer el *Hong Sau,* verás cómo se detienen los pensamientos y cómo el cuerpo estará completamente relajado, permitiendo que la energía *prana Shakti* entre por la columna vertebral. Sentirás el bulbo raquídeo abriéndose al aliento de Dios. Este es un estado equilibrado de consciencia—*Bindu*—la zona de penumbra entre la vigilia y el sueño.

Con un poco de práctica, la meditación ocurrirá de forma automática, en un nivel mental, sin siquiera pensar en *"Hong Sau."*

Hong Sau te brinda una prueba absoluta de que no eres tu cuerpo. Puedes ver que la respiración se detiene y continúas estando consciente. ¿Qué es esta consciencia que ve el cuerpo en animación suspendida? Saber que existes aparte de tu cuerpo elimina el miedo a la muerte.

NOTA: el trabajo con el *mantra Hong Sau* te hace sentir "en el espacio". Recomendamos que si haces la práctica con *Hong Sau* en la mañana, hagas a continuación las posturas de rejuvenecimiento, sobre todo si vas a conducir, para enraizarte. De lo contrario, no estarás en capacidad de enfocarte en esta realidad.

Otros usos del *Hong Sau*. La técnica *Hong Sau* es una ciencia muy rigurosa. Este *mantra* ha sido utilizado de varias maneras durante miles de años. Puedes usarlo con fines espirituales o a nivel sexual para controlar el clímax, como veremos en la lección siguiente.

Esta práctica también puede producir habilidades psíquicas. Cuando detienes la respiración, puedes captar telepáticamente lo que otra persona está pensando. Cuando la respiración es tranquila, la mente está en calma, y es allí cuando pueden recibirse las impresiones. Si eres receptivo, los símbolos serán inteligibles y las lecciones se manifestarán en tu vida.

Esta práctica estimula el sistema nervioso, limpiando los desechos psíquicos que obstruyen los *nadis*, los canales *pránicos* del cuerpo. Luego de un tiempo todos los *Samskara* (anexos al pasado) y *Vasanas* (deseos para el futuro) serán eliminados de la mente. Todos los miedos y neurosis ocultas surgen para ser observados. Ser un testigo no implicado te permite soltarlos, de forma que este proceso libera la mente y todas sus tensiones, las cuales son la fuente de todas las enfermedades físicas y mentales.

El *mantra* de la respiración despertará a *Sushumná* y el *karma* será eliminado simbólicamente a medida que surjan sonidos extraños y experiencias fantásticas de tu consciencia más profunda. Este es un proceso de purga.

La meditación *Hong Sau* es especialmente valiosa para las personas que trabajan mucho con la mente. Si inviertes mucho tiempo en los procesos mentales, quedas atrapado allí y pierdes el equilibrio entre lo físico y lo mental, perdiendo también de vista lo psíquico y lo espiritual.

Cuando un estudiante ha dominado la técnica de *Hong Sau*, cierto símbolo aparece de manera universal. La primera manifestación es ver un punto de luz blanca: este es tu centro Ajna o Tercer Ojo. La segunda manifestación es ver los colores que denotan el nivel de consciencia en el cual estás vibrando. La luz blanca es uno de los factores más importantes, ya que comienza a moverse a través del cuerpo y luego se expande más allá para abarcarlo todo, convirtiéndose en luz blanca pura. La luz te sobrepasa y sientes cómo te has convertido en ella: esto es *Samadhi* (si esta descripción te recuerda la del matrimonio tántrico, se debe a que puede producirse el mismo fenómeno con la meditación *Hong Sau*).

Existen técnicas para activar esta visión de manera mecánica, pero este es el método natural. Con esto sabrás que hay una luz blanca y que puedes recibirla. La luz blanca es la mezcla de varios colores. Cada persona descubrirá su centro individual, el cual será el punto focal para su meditación.

La técnica *Hong Sau* ofrece un factor de seguridad, pues cuando vas demasiado lejos en el espacio, te ayuda a retornar a tu cuerpo. También te garantiza que ninguna otra entidad entrará a él mientras estás "fuera". A todos se nos da una cierta cantidad de tiempo para cumplir con nuestras obligaciones *kármicas* antes de dejar nuestros cuerpos. Nada puede poner fin a tu vida hasta que ese tiempo se haya cumplido. Estás protegido por el cosmos, por lo que puedes "morir" en meditación y volver con un nuevo nivel de consciencia. San Pablo dijo: "Cada día muero" y los *yoguis*, a través de la historia, han hablado de la muerte de esta manera. Se refieren al orgasmo como una pequeña muerte. Cada noche, cuando vamos a dormir, es como si muriéramos, pero cada mañana renacemos.

APEGO

Estamos muriendo solamente al apego a los objetos, de modo que el espíritu puro pueda fluir. Esto no significa renunciar al objeto, sino al apego que tenemos hacia él, a la sensación de "tener que tenerlo", sin importar si se trata de algo placentero o doloroso. Todas las formas de deseo, en un nivel sutil o denso, llegan a ser adictivas, por lo que debemos recordar que no hay permanencia en el plano físico. Se trata de *"Maya"*, una ilusión creada mediante el trabajo con los cinco sentidos.

El cese de los deseos no significa que tengas que renunciar a nada. Solo observa de dónde proviene el deseo, reconócelo como lo que es, y si es apropiado para ese momento, disfrútalo. No te aferres a la esperanza de repetir una experiencia, ya que nunca volverá a ocurrir: cada experiencia es totalmente única.

Una vez puedas dar el salto de renunciar al apego, podrás disfrutar de cualquier cosa o persona que desees en ese momento, sin temor a perderlo. La lección más difícil es la de dejar ir. Todo el mundo en este plano físico, en este estuche alquilado, está pasando por esta lección.

Al suspender temporalmente el proceso de pensamiento, detenemos la creación de vibraciones mentales en los éteres. Esas vibraciones crean una manifestación en el plano físico. *Hong Sau* es una técnica que interrumpe el proceso de pensamiento y, por tanto, suspende la creación de vibraciones y las consecuencias que de ellas se derivan. Con el tiempo se llega al punto de equilibrio, Bindu, en el que no estás creando más *karma* por tus deseos y apegos.

Nuestros computadores mentales funcionan todo el tiempo. Todos estamos sobrecargados y lo único que tenemos son pensamientos, lo cual no es saludable. Necesitamos tiempo para apagar el sistema de modo que pueda repararse a sí mismo. Debemos dejar de pensar en los pensamientos y convertirnos en ellos. Para conectar con la Mente Universal, debes cortar este proceso de pensamiento y "morir" en el plano físico: entonces la Mente Universal se hará visible. Apagando el sistema le concedes al cuerpo que se repare a sí mismo, lo que a su vez le permite a la mente conectar con su fuente. Cuando la mente y el cuerpo están en sintonía, el espíritu se presenta automáticamente. *Hong Sau* es la onda transportadora que te da el conocimiento de Atman, el alma universal, a través de los cinco sentidos.

PRÁCTICA INDIVIDUAL

Tu rutina diaria de meditación ahora debería incluir lo siguiente:

1. **Isométricos *Rishi*** (tres veces cada uno).
2. **Respiración completa** (siete veces).
3. ***Nadi Shodhana*** (siete veces).
4. ***Mantras "OM" e "I"*** tres veces cada uno (omitir si estás desorientado).
5. ***Hong Sau*** (diez minutos).

    a. Siéntate en una postura de meditación. Haz *Khechari Mudra* (sin la respiración psíquica), respirando siempre por la nariz. Continúa con la respiración hacia adentro y hacia afuera. A medida que inhalas, visualiza la energía de la respiración que entra a través del Tercer Ojo y viaja por la columna vertebral hacia abajo. Al final de la inhalación, contrae el ano/cuello uterino y luego suelta la contracción. Al exhalar, visualiza la energía viajando por la columna hacia arriba, a través del bulbo raquídeo, proyectándose de 5 a 8 centímetros hacia afuera del Tercer Ojo.

    b. Añade el *mantra* de la respiración *Hong Sau* a esta visualización. A medida que inhalas, escucha el *mantra "Hong"* y al exhalar, escucha el *mantra "Sau"* (que se pronuncia "Sah"). A medida que los pensamientos y sentimientos entran en tu mente, obsérvalos ir y venir como un espectador imparcial. Cuando emerge material del subconsciente, como símbolos, recuerdos o sentimientos, vuelve a ser el observador.

    c. Continúa durante 10 a 15 minutos, o durante el tiempo que te sientas cómodo. En algún momento ya no tendrás la necesidad de respirar.

6. Espera quince minutos antes de tomar una ducha y treinta minutos antes de comer.

NOTA: después que comiences la Respiración Cobra, puede serte de mayor utilidad una práctica simple de *Hong Sau*. Haz *Khechari Mudra*. En la inhalación, visualiza la energía viajando a través de la cabeza, desde el centro de las cejas hacia el bulbo raquídeo mientras escuchas *"Hong"*. Durante la exhalación, deja que la energía regrese por el mismo camino, mientras escuchas el sonido *"Sah."* No contraigas el ano. Cinco minutos son suficientes.

PRÁCTICA EN PAREJA

1. **Puedes hacer la práctica individual con tu pareja.** Practica los Isométricos *Rishi* como se describe en la Lección 3, manteniendo el contacto visual. Haz la meditación *Hong Sau* espalda con espalda, sincronizando la respiración en ambos cuerpos, extendiendo tu consciencia para incluir la respiración y el cuerpo de tu pareja.

2. *Hong Sau* **es una técnica de retraso.** Cuando estás haciendo el amor, al sentir que se acerca el orgasmo, inicia el *Hong Sau* para relajar tu cuerpo y difundir la energía. Luego se desarrolla un nivel orgásmico superior.

CONSCIENCIA

1. **Toma consciencia del parloteo que tiene lugar en tu cabeza mientras estás despierto.** Ocasionalmente da un paso atrás y sé el Testigo. Tendrás la tentación de juzgarte a ti mismo por ser tan conversador, especialmente en comparación con el hermoso silencio de la Meditación *Hong Sau*. No permitas que el juicio entre, el Testigo no se involucra y no juzga, esa es la clave. Debes saber que este monólogo sin fin te mantiene aislado, es la barrera que no te permite experimentar directamente a Dios en cada momento de tu vida. Comprende que estás creando esa barrera momento a momento, ¿es eso lo que realmente quieres?

   a. Ten en cuenta hasta qué punto la charla está dedicada a la auto-justificación acerca de cómo tú tenías razón en tus acciones y la otra persona estaba equivocada.

   b. Observa qué tanto el parloteo se repite a sí mismo, como cuando escuchas una grabación una y otra vez.

c. Mira qué tanto habita en el pasado y te mantiene en situaciones que ya no existen.

d. Date cuenta de qué tanto habita en el futuro, anticipando problemas y satisfacciones que probablemente nunca se materialicen.

e. Obsérvate a ti mismo ensayando lo que vas a decir (en el futuro) a alguien que abusó de ti en el pasado. Eso te mantiene lejos del presente.

f. Cuando estás en el presente, tu mente está en silencio, ¿con qué frecuencia ocurre esto?

2. **Trae a la consciencia los apegos que te mantienen atado.** Se cuenta la historia de un buscador espiritual que llegó a preguntarle a su maestro cómo podía liberarse de sus apegos. El maestro se levantó y envolvió con sus brazos el tronco de un árbol. Aferrándose a él comenzó a gemir: "¿Cómo puedo hacer que este árbol me suelte?". El estudiante se fue avergonzado, pero más sabio.

Imagina que te encuentras en presencia de un maestro radiante que te dijo que estabas muy cerca de la autorrealización y que lo único que quedaba por hacer era dejar ir una cosa. ¿Cuál es esa única cosa que te sería más difícil dejar?

- **Posición:** estatus en la comunidad, tu profesión o tu familia.
- **Éxito:** la sensación de haber logrado algo especial o la necesidad de hacerlo.
- **Posesiones:** cosas que tienes ahora y sin las cuales no podrías vivir, cosas que tenías y que perdiste recientemente o que tienes la intención de tener en algún momento.
- **Resentimientos:** falta de voluntad para perdonar y olvidar.
- **Sentimiento de inadecuación:** sentirse incompetente, indigno, culpable.
- **Obstinación:** tener siempre la razón, tener la última palabra, hacer las cosas a tu manera.
- Sentirte superior a la gente "común", en una clase aparte.
- **Miedos sin nombre:** esperar lo peor, ser la víctima.

Busca en tu corazón y observa a qué juegos te estás aferrando.

LECCIÓN 9

Generando y transmutando la energía sexual

En esta lección aprenderás: 1) activadores sexuales para relajar y activar el cuerpo; 2) bloqueos para controlar el flujo de la energía; 3) *mudras* para generar energía sexual intensa; 4) la masturbación como una práctica *tántrica*; 5) técnicas para transmutar la energía sexual que asciende por la columna vertebral por medio de la respiración; y 6) ¿cómo transformar la esencia del fluido seminal y ovárico utilizando ese *prana* para cargar la sangre?

ACTIVADORES SEXUALES KRIYA

Esta rutina de ejercicios está diseñada para estimular la energía sexual de manera espectacular. Encuentra música para moverte, ya sea música sensual, para danza del vientre, tambores primitivos o algo realmente "caliente".

Fricción del vientre. Invertir dos minutos al día frotando tu vientre en forma circular, construirá un depósito de energía en tu plexo solar que va a mejorar tu digestión, tu proceso de eliminación y además normalizará tu peso. Acostado boca arriba, haz un espiral alrededor del ombligo con la palma de tu mano, haciendo pequeños círculos (en el sentido de las manecillas del reloj, para el observador) que se van haciendo cada vez más grandes. Luego invierte la dirección (en contra de las manecillas del reloj) a medida que los círculos se hacen más pequeños.

Sacudida. Sacudir todo el cuerpo es lo más eficaz para liberar tensiones y hacer que esa energía esté disponible para la acción y para estimular cada uno de los corredores energéticos en el cuerpo físico y etérico. Puedes hacerlo fácilmente durante 15 minutos. La sacudida involuntaria constituye una manifestación de la energía *Shakti*. Si realmente te dejas llevar, la energía se hará cargo y serás sacudido. Rendirse ante la energía es el prerrequisito para un orgasmo pleno.

Rotaciones con la cabeza y los hombros. Pronto estarás halando mucha energía hacia el cerebro. Asegúrate de que no haya ningún bloqueo en el cuello y los hombros, generado por tensión muscular. Mueve la cabeza dos veces para un lado y luego dos veces en la otra dirección. Levanta los hombros, rótalos hacia adelante y repite la acción.

Movimiento pélvico. Este movimiento es esencial para el acto sexual, además de ser una forma primaria de generar energía sexual. Todos los hombres hacen el movimiento, pero al "estilo americano", durante un minuto o dos. Hacer el amor durante un tiempo extendido requiere más resistencia. Puesto que no hay otra actividad que incluya este movimiento (excepto el baile erótico), debe practicarse.

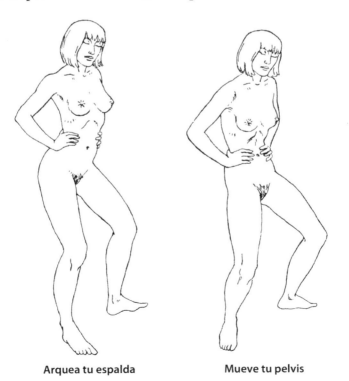

Arquea tu espalda   Mueve tu pelvis

a. Ocúpate de mantener inmóvil la caja torácica, de modo que el movimiento solo involucre la cavidad pélvica. En realidad, pocas personas pueden mover la pelvis de forma independiente, casi todo el mundo la tiene congelada. Mírate en un espejo para asegurarte de que tu caja torácica no se mueva. Por medio de dicho movimiento, una mujer puede estimular su clítoris. Cualquier mujer que no haga estos movimientos mientras hace el amor, se está negando a sí misma la plenitud del placer. Incluso sin un compañero, es excitante hacer los movimientos.

b. Cuando hayas dominado el movimiento, dale intensidad extra mediante la coordinación del balanceo con la respiración. Ve hacia adelante a medida que exhalas por la boca, y arquéate hacia atrás mientras inhalas por la nariz.

c. Agregar la contracción de la raíz te da una sobrecarga de energía. A medida que balanceas la pelvis hacia adelante, contraes el ano/cuello uterino. Cuando te arqueas hacia atrás, los relajas.

d. Añade el movimiento de los brazos para mejorar la respiración e involucrar todo tu cuerpo. A medida que balanceas la pelvis hacia adelante, hala los brazos con fuerza hacia atrás. Para mantener el equilibrio, trabaja con los brazos en oposición a la pelvis.

Círculos pélvicos. Una vez que la columna esté más flexible y los músculos de la pelvis se hayan relajado, puede fluir más energía en el proceso sexual. Imagina que estás dibujando un gran círculo con tus genitales. Mantén las manos en tus caderas como recordatorio de no mover la caja torácica. Hacer estos movimientos al hacer el amor le aporta variedad y aumenta la estimulación. Cuando ambos se mueven de esta manera (en direcciones opuestas), cada parte de la vagina y el pene recibe estimulación.

Círculos en los pezones. Utiliza la mano abierta (*chakra* de la palma) para estimular tus pezones mientras mueves las caderas. Esto es excitante y, por lo tanto, genera hormonas.

Un ejercicio taoísta para las mujeres, el venado, utiliza círculos en los senos para reducir e incluso detener la pérdida de sangre durante el flujo menstrual. El hecho de añadir la estimulación de los senos es un elemento disuasivo para el cáncer de mama, e incluso cambia su tamaño.

Solo acaricia los senos, no los pezones, con movimientos circulares, utilizando las dos manos para masajear el centro, alrededor y la parte externa. Continúa acariciándote hasta haberlo hecho 36 veces. Hazlo otras 36 veces en dirección opuesta. Hacer los círculos hacia afuera disminuye el tamaño de los senos, mientras que hacerlos hacia adentro, lo aumenta.

Sentadilla estrecha. Los orientales pasan gran parte de su vida en esta posición, mientras que los occidentales necesitan estirar bien los músculos contraídos para hacer que fluya más energía hacia los órganos sexuales. Con los pies separados a la altura de los hombros, ponte en cuclillas con los brazos dentro de las rodillas. Las rodillas y los dedos de los pies deben estar apuntando en la misma dirección. Levanta los talones. Esta es una buena posición para practicar las

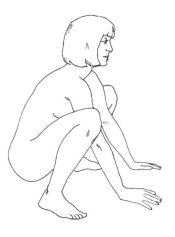

contracciones anales, ya que ejerce presión sobre el extremo inferior de las canales *Idá* y *Pingalá*, cerca de su unión en el primer *chakra*.

Posición amplia en cuclillas. Separando los pies al doble del ancho de los hombros consigues estirarte mejor. Descansa tus manos en la parte interna de los muslos y comienza a balancear la pelvis en esta posición. Añade las contracciones anales. Balancea y contrae hacia adelante, relaja la contracción al ir hacia atrás. Está garantizado que esto te dará una ráfaga de energía a medida que pongas presión en el sacro, de modo que comience a crearse una corriente de energía.

Los estiramientos del gato. Adopta una posición en la que apoyes las manos y las rodillas en el suelo. Arquea la espalda como si fueras un gato enojado y luego dóblala en el sentido opuesto. Mueve la cabeza en dirección contraria a la columna vertebral: mientras la levantas, deja caer la cabeza. Al bajar la columna, sube la cabeza. Añade la respiración y las contracciones del ano/cuello uterino, como cuando haces los movimientos pélvicos. Al mover el coxis hacia adelante, exhala y contrae. Al moverlo hacia atrás, inhala y relaja. Esto estimula las glándulas sexuales

mientras se relaja la columna vertebral. Este movimiento es especialmente eficaz para mujeres que padezcan el síndrome menstrual.

Mariposa. Siéntate con las plantas de los pies tocándose y presiona suavemente los codos contra tus muslos, para estirar su cara interna.

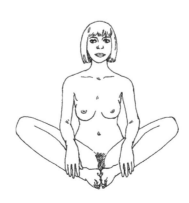

Caída hacia adelante. Partiendo de la posición de la mariposa, agarra tus pies y lleva tu cabeza hacia abajo, dirigiéndola hacia ellos. Esto ayuda a estirar la parte inferior de la columna para permitir que la *Kundalini* ascienda sin impedimentos.

PREPARANDO EL BOMBEO DE ENERGÍA

Aquellos que son nuevos en los estudios del *Tantra* pueden no estar muy en contacto con la parte inferior de su cuerpo, así que vamos a familiarizarnos con los músculos que se utilizan en las siguientes técnicas.

Para localizar los músculos:
- Aprieta las dos nalgas (glúteos) como si estuvieras tratando de sujetar un lápiz.
- Localiza tu ano mentalmente.
- Toca con la punta de la lengua el paladar blando, tan atrás como te sea posible y siente la respuesta del ano.
- Contrae el ano como si estuvieras conteniendo el movimiento intestinal.
- Siente cómo la contracción se extiende hacia los genitales, en los que probablemente sentirás un tirón (todos estos músculos se contraen durante el orgasmo).
- Contrae el músculo que detiene el flujo de la orina.

Estás aprendiendo a estimular el centro de la base que, a su vez, estimula el huevo *Kundalini* cercano. En los textos clásicos de *yoga* se hace referencia a la glándula *Kunda*, la cual está escondida justo debajo del hueso sacro y es un misterio para los anatomistas, pues no se sabe qué es lo que esta glándula hace en realidad. Todas las referencias místicas antiguas pueden entenderse en términos del cuerpo físico.

Si eres un hombre, busca con tus dedos la zona localizada entre los testículos y el ano. Este lugar, anatómicamente, recibe el nombre de perineo. Esotéricamente, este es el punto de estimulación externa para el *chakra* base. Cuando presionas este punto produces un bandha o bloqueo energético.

El *chakra* base en las mujeres se encuentra muy arriba en la vagina, en la pared posterior, aproximadamente a una pulgada (2,54 cm) del cuello uterino. Si este punto se estimula directamente, debe hacerse con mucho cuidado, ya que es muy sensible, pero puede estimularse indirectamente al tocar el punto G, un área pequeña en la pared frontal de la vagina, localizada una o dos pulgadas adentro de esta (de 3 a 5 cm).

Uno de los dispositivos utilizados para estimular el *chakra* base en los templos *tántricos* de la India consiste en sentarse sobre una bola de madera del tamaño de una pelota de golf. En el mundo occidental comenzamos de una manera más suave: dobla una toalla de modo que quede reducida a un volumen muy pequeño y siéntate sobre ella en una posición cómoda, incluso puedes hacerlo sobre una silla.

Los hombres deben sentarse de tal manera que la presión se ejerza sobre el punto localizado entre los genitales y el ano. Asegúrate de que los testículos queden colgando libremente. Esta presión corta el paso del fluido seminal a la vejiga. Es importante que al hacer la meditación autoerótica detengas este fluido ya que no puedes descargarlo.

Las mujeres deben ajustar la toalla de modo que presione el clítoris, ya que esto estimula el segundo *chakra* y además involucra a la raíz.

Con esta presión sobre *Muladhara*, haz contracciones anales. Observa si puedes sentir una leve presión proveniente de la toalla, si no es así, ajusta tu cuerpo para hacer más presión. La forma clásica de hacer esto es sentarse sobre los talones, si esto te resulta cómodo, crea la presión de esta manera. Continúa contrayendo y relajando muy rápidamente. Observa si experimentas algunas sensaciones en tus genitales.

El propósito del *Tantra* es sintonizarnos tan sensiblemente con nuestros cuerpos que podamos sentir el movimiento de la energía sutil a través de los meridianos y los nadis. El área más sensible de nuestro cuerpo es la de los genitales. Una vez que estemos en sintonía con esas sensaciones, no vamos a necesitar la toalla o la pelota de golf, estos son solo dispositivos para el aprendizaje.

BANDHAS: LAS CERRADURAS (BLOQUEOS) DE LA ENERGÍA

El cuerpo humano tiene tres cerraduras (bloqueos) naturales que controlan el movimiento de la energía *pránica*:

Bloqueo de la barbilla: *Jalandhara Bandha*
Bloqueo del diafragma: *Uddiyana Bandha*
Bloqueo de la raíz: *Mula Bandha*

Cuando estos tres bloqueos han sido dominados de manera individual, se pueden hacer de forma simultánea:

Bloqueo triple: *Maha Bandha*

A medida que inhalamos, traemos *prana* al cuerpo para almacenarlo en el depósito de energía que se ubica en *Manipura Chakra*. El *prana* se compone de cinco energías diferentes, una de las cuales, llamada apana, se mueve normalmente en forma descendente por el cuerpo y se elimina con las excreciones, regresando a la tierra. El bloqueo de la raíz detiene su descarga e invierte su dirección para que puedas conservar esta energía y dirigirla hacia arriba, de modo que se reúna con el *prana* en *Manipura*.

Es importante mantener un equilibrio entre *prana* y *apana*. Si se agota el *apana*, el prana puede ser halado hacia el vacío y perderse a través del ano. Cuando se detiene la pérdida de energía con el bloqueo de la raíz, *apana* se acumula en la parte inferior del torso. Esta energía de la tierra se eleva para reunirse con la energía pránica en *Manipura*; cuando hay suficiente presión, las energías combinadas se precipitan hacia el centro base y comienzan a ascender hacia *Sushumná*. La reunión de estas energías desencadena un flujo de *Kundalini* que va por la columna vertebral.

Como la esclusa de un canal, el bloqueo del diafragma estimula la energía para que se eleve hasta *Sushumná*. Al limitar este aumento de energía por medio del bloqueo de la barbilla, se genera una presión hidráulica metafísica en el cuerpo de energía, por lo que, cuando haces la Respiración Cobra, el *prana Shakti* es impulsado hacia arriba por la columna vertebral en los centros espirituales, abriéndote chakra por *chakra* e impulsándote hacia los niveles superiores de consciencia.

Bloqueo de la barbilla

1. Siéntate en postura fácil y si es posible, con las rodillas tocando el suelo y las palmas en las rodillas. Relájate y cierra los ojos. Mantén tu atención en el *chakra* de la garganta.
2. Inhala profundamente y sostén la respiración. Mueve la cabeza hacia atrás (como una bailarina balinesa, manteniendo la cabeza en dirección vertical). Deja caer un poco la barbilla, estira los brazos y bloquea los codos, halando los hombros hacia arriba y hacia adelante. Eleva el pecho y llévalo hacia la barbilla. Sostén durante el tiempo que sea cómodo para ti.
3. Levanta la cabeza, relaja el cuerpo y exhala (no trates de exhalar antes de haber liberado el bloqueo de la barbilla o te harás daño).
4. Cuando la respiración haya vuelto a la normalidad, repite hasta diez veces.

Esta es una preparación muy valiosa para la meditación ya que ralentiza el ritmo cardíaco, calma la mente y alivia el estrés. También masajea y estimula la tiroides, la cual afecta muchas funciones corporales, incluyendo las sexuales. Esta es otra forma de trabajar con el *chakra* de la garganta si la comunicación es difícil para ti.

PRECAUCIÓN: cualquier persona que sea propensa a accidentes cerebrovasculares, que tenga presión arterial alta o problemas del corazón debe abstenerse de hacer esta práctica.

Bloqueo del diafragma

1. Siéntate en postura fácil con las rodillas tocando el suelo, y, si es posible, con las palmas en las rodillas. Relájate y cierra los ojos. Mantén tu atención en el *chakra* del ombligo.
2. Exhala profundamente. Haz el bloqueo de la barbilla (sostén la respiración, mueve la cabeza hacia atrás y deja caer la barbilla. Estira los brazos y bloquea los codos, halando los hombros hacia arriba y hacia adelante).

3. Contrae los músculos del abdomen hacia arriba y hacia adentro. Sostén durante el tiempo que sea cómodo para ti.
4. Relaja los músculos, levanta la cabeza y luego inhala.
5. Cuando la respiración haya vuelto a la normalidad, repite hasta diez veces.

A medida que llevas el diafragma hacia arriba y presionas los órganos abdominales hacia atrás, estás masajeando y tonificando el hígado, el páncreas, los riñones, el bazo, el estómago y las glándulas suprarrenales. Esta estimulación mejora su rendimiento y hace maravillas en cuanto a cualquier dolencia de estos órganos (estreñimiento, indigestión, parásitos, diabetes, etc.). La estimulación de *Manipura*, el depósito del *Prana*, mejora su distribución en el cuerpo, particularmente en el canal espinal.

PRECAUCIÓN: debes hacer esta práctica con el estómago vacío. No está indicada para personas que padezcan úlceras o para embarazadas. También aplican las precauciones del bloqueo de la barbilla.

Bloqueo de la raíz

1. Siéntate en postura fácil, idealmente con tu perineo o clítoris haciendo presión sobre tus talones y con las palmas sobre los muslos. Lleva tu atención al centro de la base.
2. Inhala profundamente. Haz el bloqueo de la barbilla (sostén la respiración, mueve la cabeza hacia atrás y deja caer la barbilla. Estira los brazos y bloquea los codos, halando los hombros hacia arriba y hacia adelante).
3. Contrae el ano (el cuello uterino en el caso de las mujeres). En el suelo, presiona hacia abajo y hacia adelante hasta que sientas una contracción en la vagina o un tirón en los testículos. Mantén la posición durante el tiempo que sea cómodo para ti.
4. Libera la contracción y el bloqueo de la barbilla, toma un poco de aire y exhala. Siente cómo la energía sexual sube desde el centro base hacia el cerebro (o al corazón o a cualquier parte que necesite energía).

Hacer el bloqueo de la raíz le proporciona un masaje diario al sistema urogenital. Además, estimula la peristalsis, de modo que se elimina el estreñimiento, se fortalece el ano y se eliminan las hemorroides. Las glándulas sexuales reciben un masaje, lo cual estimula la liberación de hormonas imprescindibles para la vida. Una de las preocupaciones primordiales del *Tantra* es mantener las glándulas sexuales en un tono óptimo, ya que son las glándulas maestras que energizan los demás sistemas del cuerpo. Las hormonas sexuales son la esencia de la *Kundalini* y la clave para el rejuvenecimiento.

A medida que contraes el esfínter anal y bloqueas el escape de *apana*, la energía comienza a acumularse. Vas a experimentar un cosquilleo muy placentero en tus genitales.

Bloqueo triple

1. Siéntate en postura fácil en *Gyana Mudra* (los pulgares y los dedos índices se tocan). *Shiva*, siéntate con el ano en tu talón izquierdo. *Shakti*, siéntate con tu *Yoni* en tu talón derecho. Pon la planta de tu pie derecho contra tu rodilla izquierda.
2. Inhala contando hasta siete. Exhala contando hasta nueve.
3. Sostén la respiración, levanta el abdomen hacia arriba y hacia adentro, mueve la cabeza hacia atrás, deja caer la barbilla y contrae el ano. Mantén la posición hasta contar dieciséis.
4. Relájate. Inhala y exhala muy lentamente. Hazlo tres veces.
5. Repite la técnica completa, siete veces en total.

GENERADORES DE ENERGÍA SEXUAL

Una vez hayas dominado los bloqueos energéticos, estás listo para incorporarlos en técnicas más complicadas que constituyen el núcleo de la práctica tántrica: los *mudras Aswini* y *Vajroli*.

Ambas prácticas generan energía intensa en la parte inferior del cuerpo, conteniéndola. Esto hace que se acumule presión en los canales energéticos. Cuando se libera la contención, esa energía presurizada se dispara por la columna vertebral, atravesando cualquier bloqueo o restricción.

Aswini Mudra (gesto del caballo): antiguo sistema de masaje que consiste en hacer contracciones dinámicas del músculo del esfínter anal, que se extienden hacia adelante en los genitales (en la parte alta de la vagina en las mujeres). Esta es una técnica muy potente para bombear energía hacia *Manipura*. Las contracciones son moderadas pero rápidas.

1. Siéntate sobre los talones, sobre una toalla enrollada o sobre una pelota de tenis, para sentir presión en el *chakra Muladhara* (ubicado entre los genitales y el ano para los hombres y en el clítoris para las mujeres).

2. Llena los pulmones, hasta alrededor de un tercio de su capacidad. Contrae y relaja el ano diez veces, aproximadamente dos veces por segundo.

3. Continúa inhalando hasta completar el tercio que falta. Contrae y relaja diez veces más.

4. Inhala el último tercio. Contrae y relaja las últimas diez veces.

5. Sostén la respiración y la contracción, lleva los hombros hacia adelante y presiona el mentón contra el pecho por un momento. Siente el calor y la presión hidráulica que se generan.

6. Haz una pequeña inhalación levantando la barbilla y exhalando por la nariz, a medida que relajas los hombros y la contracción. Siente una descarga de energía en todo el cuerpo. Visualiza la energía moviéndose hacia arriba por la columna. Haz *Aswini Mudra* tres veces. Cuando tengas un poco más de práctica podrás aumentar el número de contracciones hasta un máximo de veinte.

Vajroli Mudra (el trueno): estimula los genitales con sangre activada por *prana*. Es una manera maravillosa para tensar las paredes vaginales que se distendieron durante el parto. Tener un "mayor ajuste" significa una mayor estimulación y más placer para la pareja durante el acto amoroso. Para la mayoría de los hombres este ejercicio es la solución para el problema de eyaculación precoz. En muchos casos, también resuelve la impotencia. El dominio de este ejercicio te permite experimentar un orgasmo más largo e intenso. Cuando logres hacer esto durante quince minutos, podrás tener un orgasmo de quince minutos.

1. Siéntate en postura fácil con las palmas de las manos sobre los muslos. Cierra los ojos y relájate.

2. Lleva tu atención al centro del sexo: para los hombres está en la base del pene y para las mujeres, alrededor del clítoris.

3. Inhala por la nariz, a medida que halas la energía hacia arriba por la columna vertebral. Traga y sostén la respiración en el Tercer Ojo. Levanta los órganos sexuales, contrayendo el músculo que usarías para detener el flujo de la orina, así como los músculos del abdomen bajo.

4. Continúa conteniendo la respiración mientras relajas y contraes diez veces.

5. En la décima relajación, exhala por la nariz y experimenta cómo la energía sexual sube desde el centro sexual hacia el cerebro (o hacia cualquier parte del cuerpo que requiera energía).

6. Haz *Vajroli Mudra* tres veces.

7. Un hombre puede hacer que estos músculos sean más fuertes añadiendo más peso. Pon una toalla sobre el pene y levántala. A continuación, hazlo con una toalla húmeda, que es más pesada. Se dice que los maestros de esta práctica son capaces de levantar sesenta y ocho kilos (ciento cincuenta libras) con sus genitales, pero no intentes hacer esto sin la supervisión de un experto.

Vajroli Mudra ejercita los genitales, particularmente los músculos que se usan para detener el flujo de la orina. El doctor Kegel descubrió el poder de los ejercicios para el músculo PC (pubocoxígeo), los cuales se han convertido en una herramienta estándar en este país en la preparación para el parto y la superación de la disfunción sexual. Los maestros tántricos han estado haciendo "ejercicios de Kegel" durante miles de años de una manera más eficaz.

El secreto para hacer que cualquier proceso sea más poderoso, es coordinarlo con la respiración y el control de la energía etérica. Este *mudra* afecta fuertemente a los nadis que abastecen a los órganos sexuales con energía psíquica. Después de un poco de práctica, un hombre puede retener la energía del semen, incluso al eyacular. Esta energía puede ser utilizada en beneficio de tu salud y crecimiento espiritual en lugar de ser desperdiciada.

DARTE PLACER A TI MISMO

La autoestimulación puede ser una meditación tántrica, un trampolín hacia el despertar espiritual. Puede ser un proceso de sanación, una manera de resolver problemas personales y de negocios, desactivando la mente consciente y dejando que el inconsciente haga este trabajo. Te permite "entrar" en tu cuerpo y salir de tu cabeza.

Debemos aprender a estar en sintonía con nuestro cuerpo. Desafortunadamente, en esta cultura aprendemos muy pronto a sentir vergüenza de él. Aprendemos de nuestros padres, quienes a su vez aprendieron de sus padres, que no es agradable tocar nuestros genitales. De todas formas, todos lo hacen, pero con un sentimiento de vergüenza, de manera secreta e inconsciente.

Recientemente, hace unos veinte años, las autoridades aún decían que si te masturbabas podías quedar ciego o volverte loco. Ellos ignoraban que la energía de la masturbación está disponible para ti si la utilizas correctamente. Es cierto que demasiada eyaculación agota tu reserva de energía. Por esta razón, en *Tantra* te pedimos que no eyacules, y si eres mujer, que no llegues al orgasmo hasta haber transmutado la energía.

De acuerdo con las investigaciones, el orgasmo más intenso se produce con la estimulación manual, ya sea que lo hagas tú mismo o tu pareja (esta es una parte importante del juego amoroso).

Mientras aprendes a autoestimularte, es posible que necesites emplear imágenes. Siéntete libre de satisfacer tantas fantasías como requieras para poner en marcha la energía, la cual va a través del sistema nervioso central. A este no le interesa de dónde vino el estímulo, así que cualquier cosa que te excite es adecuada para ti. El grado de excitación es lo que cuenta, no el método para obtenerlo.

Aswini Mudra (contraer el esfínter anal) genera un calor que puedes sentir físicamente. Hazlo antes de autoestimularte para generar aún más energía.

Estimúlate hasta un punto junto antes del orgasmo. Cuando la energía esté en su punto máximo, concéntrate en la inhalación y arrastra la energía hacia arriba por toda la columna vertebral hasta el punto donde desees llevarla: al plexo solar si tu reserva de energía es baja, hasta el corazón si estás protegiéndote allí, o hasta el Tercer Ojo si deseas entrar a un espacio espiritual abstracto.

Otra técnica consiste en sentarse junto con tu pareja espalda con espalda, cada uno auto estimulándose, para luego conducir esa energía hacia arriba, por la columna vertebral. Puedes sentir la pulsación de la energía al dispararse por la columna vertebral con la respiración.

Podemos controlar el movimiento de la energía porque reforzamos la visualización a través de la respiración. Este es un experimento para que hagas dos o tres veces, solo para ver si puedes manipular la energía. Haz el amor luego, pues la energía debe ir a alguna parte. Si no la liberas, puede causar problemas en los órganos internos. Algunas escuelas prohíben la liberación del orgasmo. Nosotros no creemos que esta sea una práctica saludable ni sensata hasta que hayas logrado dominar el arte de la transmutación de la energía.

En la década de 1800, la sociedad Oenida practicaba la Karezza, donde había gran cantidad de juegos previos, pero sin clímax, lo que se suponía que "magnetizaba" el cuerpo. Si bien sus miembros disfrutaban de un cálido resplandor durante el acto sexual, descubrieron que presentaban inflamaciones en el área pélvica al término de dos semanas. Cuando te excitas y la sangre no se libera, se necesitan varios días para que se disipe. Después de hacer la estimulación, asegúrate de elevar la energía.

Este proceso es fácil. No hay que intentarlo, solo sé consciente de cómo va subiendo la energía. Hay un poco de visualización, pero es más un asunto de hacerte consciente de la energía que ya está ahí, especialmente si has practicado *Aswini Mudra*. Solamente tocar tus genitales te ayuda a sentir esta energía intensa. Con ello estarás interiorizando que la energía externa proviene de la manipulación manual.

En el *Vama Marga* (camino de la mano izquierda), se nos enseña a utilizar la energía sexual con una pareja. Cuando ya hayas dominado el direccionamiento de tu energía a través de darte placer a ti mismo, puedes llevar a cabo el proceso de transmutación con tu pareja, lo cual incorpora una nueva dimensión de la energía.

TRANSMUTANDO LA ENERGÍA

Una persona normal queda agotada después del sexo, lista para dormir. Muchos utilizan el sexo o la autoestimulación para dormir en la noche. Ese es el sexo en el nivel animal. Después de aprender a aprovechar esta energía, te vuelves vibrante y tienes más energía, y no sabrás qué hacer con ella. La gente te verá pasar y se preguntará qué te hace tan atractivo. ¡La transmutación de un orgasmo es una excelente manera de elevar tu energía en la mañana!

El sexo *tántrico* consiste en separar la lujuria del amor. Comienza con la lujuria, empieza donde estés. Cuando aprendas cómo transmutar esta energía, se convierte en energía espiritual. Una vez aprendas a utilizarla, tendrás experiencias místicas. El sistema del *Tantra* te permite ir hacia el cosmos y luego regresar para operar también en el plano físico. Aprenderás cómo recircular esa energía en el cuerpo.

Aprenderemos a transformar la esencia de los fluidos seminal y ovárico. Ese resplandor interior viene cuando comprendes cómo contener esa energía, devolviéndola al torrente sanguíneo, cargando la sangre con ese prana. Las hormonas sexuales son la esencia de la *Kundalini*. Tenemos la tendencia a perder energía cada día de nuestras vidas, las mujeres a través de su sangre menstrual y los hombres a través de su semen, así que debemos revertir ese flujo. Con técnicas avanzadas, todas esas hormonas y nutrientes que se encuentran en el flujo menstrual pueden ser devueltas al sistema (revisa la mención del ejercicio del ciervo en Activadores Sexuales *Kriya*. Encuentra más documentación en el *Tao de la Sexología* de Stephen Chang).

Existen varias técnicas de respiración que puedes experimentar en el ámbito de la autosatisfacción para luego aplicarlas cuando estés haciendo el amor con tu pareja:

1. Enfoca la energía en los genitales, elevándola con la respiración hacia el plexo solar, el corazón o el Tercer Ojo. La energía sexual amplificará e intensificará todo lo que esté sucediendo en ese *chakra*.

Si tienes problemas para llevar la energía hasta el corazón o el Tercer Ojo, pon una gota de saliva allí, como punto de referencia. Al evaporarse la humedad, la sensación de frío te ayudará a enfocar tu consciencia. La energía seguirá a la consciencia y se extenderá en una ola caliente sobre el área, a medida que tu corazón o tu Tercer Ojo se vayan abriendo. Experimentarás una tranquilidad que trasciende la urgencia de la energía sexual primaria. Esta todavía es energía sexual, pero ha sido transmutada en una esencia más sutil.

2. Eleva la energía, chakra por *chakra*, como en *Prana Mudra*, Lección 6.
3. Utiliza la meditación *Hong Sau* llevando la energía sexual con el ritmo natural de la respiración. Esto relaja los testículos y, por lo tanto, retrasa la eyaculación. Si estás haciendo la técnica de forma correcta, la respiración se detendrá automáticamente y entrarás al estado de *Samadhi*, es decir, la consciencia sin restricción de un cuerpo físico.

NOTA: no confundas la meditación Hong Sau (en la cual la inhalación hala la energía de *Shiva* desde la frente hasta la base) con la respiración que practicamos en *Prana Mudra* (en la cual la inhalación eleva la energía *Shakti* desde la base).

4. La Respiración Transmutadora utiliza un *mantra* para difundir la energía por todo el cuerpo.
5. En última instancia, vas a utilizar la Respiración Cobra de la iniciación, que es mucho más poderosa que cualquiera de estas preliminares.

NOTA: puedes hacer que la transmutación sea más intensa equilibrando primero *Idá* y *Pingalá* (Lección 4).

RESPIRACIÓN TRANSMUTADORA

Para difundir la energía por todo el cuerpo.
1. Inhala por la nariz a medida que contraes el ano.
2. Con la respiración, eleva la energía sexual desde los genitales hasta el Tercer Ojo (esto transmuta la energía en el semen y los

fluidos vaginales, desvitalizando el semen para que pueda ser eyaculado sin pérdida de energía).

3. Entona o piensa en el *mantra* "I-AH-OH" mientras exhalas y relajas el ano. Siente el *mantra* "I" en la cabeza, el mantra "AH" en el pecho y el OH en el vientre. Entona el mantra "I" en tono alto, el AH en un tono más bajo y el OH en un tono aún más bajo. El *mantra* distribuye la energía por todo el cuerpo.

POSICIONES SEXUALES

Shiva dominante: en esta posición, el hombre puede alternar entre la penetración y hacer *Aswini Mudra* para generar una energía más intensa. *Shiva* soporta su peso de manera que *Shakti* pueda respirar plenamente y mover fácilmente sus caderas. Ellos pueden tener contacto visual. *Shakti* puede acariciar y estimular los *chakras* de él, especialmente el sacro (sexual) y el del corazón (amor), estimulando el movimiento de la energía hacia arriba.

Shakti **dominante:** en esta posición el hombre es totalmente pasivo. Su compañera está haciendo las contracciones *Aswini Mudra* (a) y de forma alterna, empujando su pelvis para recibir la máxima estimulación (b). En realidad, ella está exprimiendo la fuerza de vida de él para llevarla dentro de ella y recircularla. Cuando ella tenga un orgasmo, él comienza a hacer *Aswini Mudra* y lleva las secreciones vaginales hacia la cabeza de su pene para nutrirlo. No se trata de una abstracción, esto sucede en realidad.

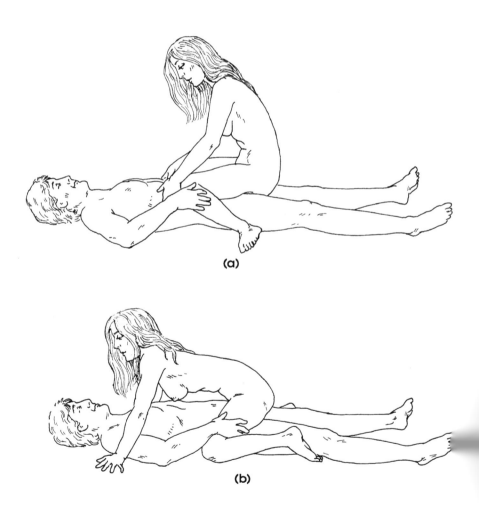

(a)

(b)

Posición equilibrada: aquí ambos tienen libertad para generar energía utilizando *mudras* y movimientos para la estimulación.

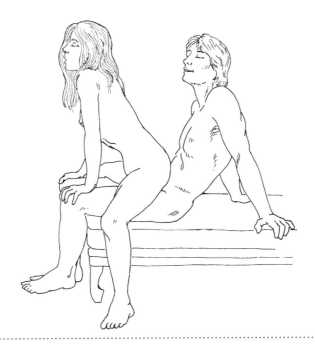

PRÁCTICA INDIVIDUAL

1. **Activadores sexuales *Kriya*:** haz todo lo que sea necesario para relajarte. Encuentra un momento cada día para practicar un poco de "danza erótica", con tu propia forma libre de utilizar el movimiento de la pelvis y de hacer círculos. Como primera actividad en la mañana, frota tu vientre, siéntate en cuclillas y haz los ejercicios de piso, por ejemplo, mientras ves la televisión.

2. ***Bandhas*:** domina los cuatro bloqueos energéticos.

3. ***Mudras Vajroli* y *Aswini*:** practica los *mudras* según las indicaciones dadas hasta que sientas que los dominas.

4. **Autosatisfacción y transmutación:** experimenta con darte placer a ti mismo, así como con todas las formas de transmutar la energía que te hemos proporcionado.

PRÁCTICA EN PAREJA

1. **En primer lugar, vuélvanse diestros** en la práctica individual, tal como se indicó anteriormente.
2. **Transmuten la energía mientras hacen el amor**: mastúrbense por turnos, o háganse estimulación oral el uno al otro. Permitan que el otro sea totalmente receptivo. Cuando estén cerca del orgasmo, prueben las técnicas que han aprendido.
3. **Practiquen *Aswini Mudra*** en las posiciones sexuales ilustradas. El principio es el mismo que para la masturbación. Utilicen el mudra para generar energía junto con cualquier otro tipo de estimulación que disfruten. En el pico orgásmico, transmuten la energía.

CONSCIENCIA

1. **Mantente excitado**: el verdadero *tantrika* mantiene un estado constante de excitación. Durante el tiempo que permanezcas excitado, tus glándulas sexuales estarán segregando hormonas que te mantendrán joven y vital. Puedes mantenerte excitado todo el día haciendo *Aswini Mudra*.

   Antes de este curso pudiste haber sentido que la excitación exigía la liberación, que sentirte excitado significaba que tenías que estar buscando una pareja. Tendrás que abandonar esa idea.

   A lo largo del día, permite que se convierta en un hábito conservar la energía *apana* por medio de un bloqueo de la raíz. Relaja el músculo del esfínter de vez en cuando mediante el bombeo de la energía. Aprende a disfrutar este estado de ligera excitación. Si se vuelve demasiado intenso, utiliza una de las técnicas para transmutar la energía. Nadie sabrá que te estás autoestimulando, pero sin duda notarán que hay algo fascinante en ti, como por ejemplo vitalidad y carisma.

2. **Observa cómo detienes tu energía:** si descubres que ha disminuido la energía sexual hacia tu pareja, podrías mirar la posibilidad de que te estés aferrando a la queja. El enojo es la forma más poderosa de desconectar. Frenar la energía sexual para castigar a la pareja es otro de los juegos contraproducentes que la mayoría de nosotros hemos jugado en alguna ocasión.

   Observa que la negatividad hacia tu pareja (o hacia el sexo opuesto en general) entra en tu monólogo interior. Toma consciencia de tu enojo y de su efecto paralizante en tu sexualidad.

   El miedo es el otro bloqueo de la energía sexual. Todos nosotros fuimos programados a una tierna edad sobre los peligros de la actividad sexual por nuestros padres y por sacerdotes bien intencionados. A medida que estimulas los dos primeros *chakras*, todos tus miedos ocultos saldrán a la superficie. Una vez más, simplemente sé consciente del miedo, experiméntalo mientras que eres el Testigo de la experiencia y luego déjalo ir. No evites las situaciones que traen el miedo, simplemente entra en ellas.

3. **Sé consciente de los riesgos:** evitar el embarazo o las enfermedades de transmisión sexual va más allá de nuestros temores programados. Estas son preocupaciones prácticas. Practicar actos sexuales en un contexto espiritual no constituye una protección contra estos peligros. El uso de condones no afectará el flujo de la energía. De hecho, proporciona otra manera de prolongar el acto sexual.

LECCIÓN 10

Estimulación y retardo

Hasta este punto, el curso ha proporcionado información general sobre el aspecto yóguico del *Tantra Kriya Yoga*. Si te das cuenta, el aspecto sexual del *Tantra* es la menor parte. Las cartas que recibimos de parte de los prospectos de estudiantes revelan la expectativa de que el *Tantra* los hará mejores amantes, más populares, más seguros, más capaces de controlar a sus parejas, además de otros motivos muy ajenos a estos estudios. Las últimas lecciones están dedicadas al material sexual, pero en un contexto espiritual. El estudiante serio busca una experiencia más profunda de su naturaleza divina y utiliza la energía sexual para impulsarse en esta búsqueda. Aquellos que simplemente están buscando orgasmos más grandes y mejores, podrán encontrar libros y clases dedicadas solo a eso. Cuando te hayas cansado de ese nivel de experiencia y quieras algo más profundo, entonces estudia *Tantra*.

El sexo normal ha sido descrito por prominentes investigadores del sexo de acuerdo con el aumento y la caída de la intensidad. Puede verse en cuatro etapas: comienza con la excitación, la cual, a medida que te vas excitando con la estimulación previa, se nivela en una meseta, aumenta súbitamente hasta un pico durante el orgasmo y desciende de manera brusca en la resolución. En el caso del hombre, todo esto puede suceder muy rápidamente (entre cinco a diez minutos de principio a fin).

Una mujer necesita más tiempo para excitarse, más tiempo en la meseta, su orgasmo dura más y la resolución no es una caída en picada como le sucede al hombre. Ella está lista para comenzar de nuevo el proceso más pronto y tiene la capacidad de tener varios orgasmos.

Muchas mujeres no alcanzan el orgasmo con regularidad y esto ocurre frecuentemente porque su compañero no se toma el tiempo necesario para satisfacerlas. La angustia que esto genera ha sostenido

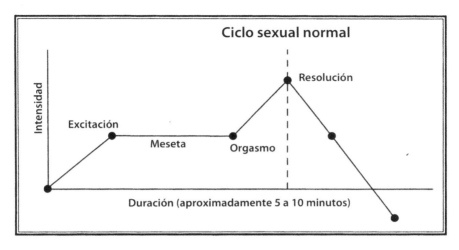

el negocio de muchos terapeutas y revistas durante años, en la medida en que las mujeres continúan buscando maneras de experimentar una mayor satisfacción. Durante el tiempo en el que esta cultura fue dominada por los hombres, muy pocas mujeres experimentaron una realización a nivel sexual. En los últimos años, las mujeres han comenzado a reclamar su lugar, por lo que estos asuntos han recibido una gran cantidad de atención e investigación.

Es importante entender que la experiencia sexual es neurológicamente diferente en el hombre y en la mujer. El orgasmo involucra un conjunto diferente de neuronas, que están localizadas en un lugar diferente en el cerebro. Para un hombre no entrenado, el sexo es un proceso que está orientado hacia una meta. Él siente una acumulación de tensión y una necesidad urgente de liberarla tan pronto como sea posible. Es una respuesta inconsciente, como el reflejo de contracción de una rodilla cuando golpeas el punto correcto. Fisiológicamente, el proceso es idéntico al comportamiento de los mamíferos primitivos. El hombre es esclavo de esas tensiones, ellas gobiernan su vida. Esta es la razón por la cual tantas órdenes monásticas le han declarado la guerra a la sexualidad, determinando que la abstinencia total es la única manera de hacerle frente a las tensiones sexuales.

El orgasmo es un problema para el hombre. Él necesita sentir que tiene el control, así que invierte una gran cantidad de ego en alcanzar el orgasmo. Se preocupa acerca de su "desempeño" y crea para sí mismo

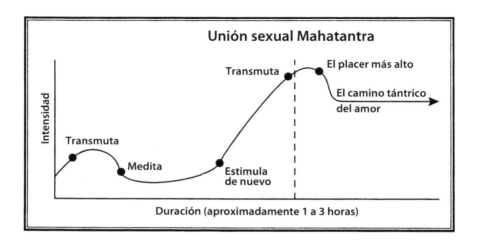

una gran cantidad de estrés y a menudo, impotencia. Él solo obtiene un orgasmo, lo cual puede traer una sensación intensa, aunque no siempre sea así, ya que se localiza en los genitales y solamente dura un momento. Esto lo drena, lo deja exhausto y listo para dormir.

Las técnicas *tántricas* fueron desarrolladas principalmente para el hombre, pues él siempre ha luchado con su sexualidad sin saber cómo ponerla en un contexto espiritual, de modo que debe aprender a trascender su legado genético. La mujer tiene una ventaja: ella ya es *tántrica*. Su orgasmo se produce en un área del cerebro que controla el movimiento y el tacto. Sus orgasmos son más profundos y largos, y pueden repetirse una y otra vez. Ella no está tan concentrada durante las relaciones sexuales y tiene el lujo de poder abrirse a estados alterados de consciencia, a experiencias fuera del cuerpo, a la separación de los sentidos, a la sensación de unión mística con su pareja, el *Samadhi*. Todos los objetivos en los que los yoguis invirtieron varias vidas tratando de alcanzarlos con sus múltiples técnicas están disponibles para una mujer por medio del sexo, dada la naturaleza de su fisiología.

En lugar de mantener reprimida a la mujer, el *Tantra* sugiere que el hombre debe aprender de ella. Él puede obtener a través de la práctica lo que viene con ella por naturaleza. Él debe aprender a saborear la energía sexual, a retrasar su liberación, a entregarse a ella y permitir que lo impulse a estados superiores de consciencia.

El sexo *tántrico* sigue un patrón muy diferente al del "sexo normal" y tiene un enfoque distinto. El proceso es muy lento y relajado. Debes reservar al menos una hora, o mejor aún, dos o tres horas interrumpidas. La mayoría protestará porque no tiene tanto tiempo. Sin embargo, los estadounidenses gastan un promedio de seis horas diarias viendo televisión. Si lo deseas, encontrarás el tiempo.

No hay una meta sexual en mente ni participación alguna del ego en cuanto al éxito o fracaso del proceso. Las técnicas que usamos desarrollan una enorme cantidad de energía sexual, pero esa energía es controlada y distribuida por todo el cuerpo de manera que expandirá tu consciencia. Esto no es sexo normal, es sexo trascendental en un nivel superior, es una forma dinámica de meditación, consciencia en movimiento a través del cuerpo de forma sistemática.

Los maestros han dicho que si puedes estar plenamente consciente durante el acto sexual, podrás permanecer consciente en medio de cualquier situación. Prácticamente todo el mundo tiene un compartimiento en su psique destinado al comportamiento sexual. Es un acto secreto, algo acerca de lo cual te avergüenzas profundamente si alguien te "atrapa" haciéndolo. Hemos sido programados para avergonzarnos de nuestra sexualidad. Como respuesta a ello, tuvimos que crear un alter ego, alguien un poco separado de nosotros, que es sexual. Volver a integrar esa parte exiliada de tu consciencia constituye un gran paso hacia adelante.

La actitud del uno hacia el otro, por parte de los amantes tántricos, es de veneración. Ellos ven más allá de las preocupaciones mundanas y de las posiciones del ego. No hay nada que probar, no hay expectativas ante las cuales responder, cada uno ve al otro como la encarnación del principio universal masculino o femenino, cada uno se da cuenta de que solamente al abrirse ante este principio, perdiendo la identidad en esta unión, pueden encontrar un lugar en el que no hay hombre ni mujer, solo energía pura.

La excitación es diferente para el hombre y la mujer. Ella hala su energía *Shakti* de la tierra. Su primera sensación de excitación es un calor que se propaga por sus genitales y un deseo de estar cerca. Esa es la energía que provoca la excitación en el hombre. *Shiva* hala su energía de los cielos, atraído por el magnetismo de *Shakti*. Un hombre primero experimenta la excitación en su cerebro, con la imagen de su diosa del amor, que se transfiere a sus genitales cuando comienza a sentirse excitado. Con la práctica *tántrica* esa energía no será desperdiciada. Él aprenderá a traerla de regreso hacia su centro más elevado, para poder entrar en *Samarasa*, el estado iluminado.

La etapa de excitación se prolonga en el *Tantra*, permitiendo que la mujer tenga tiempo de sobra para activar su energía. El juego amoroso puede durar una hora antes de alcanzar el primer pico orgásmico, una hora de caricias delicadas y besos suaves. En el masaje erótico, has aprendido a estimular el cuerpo del otro de manera sistemática con el fin de generar una sensibilidad tan intensa que hará que cada célula se estremezca de excitación. Él debe abrir lentamente los pétalos de la flor de loto de ella, de modo que cuando él entre, cuando llegue a su corazón, este se transforme en una joya preciosa.

Cuando la estimulación está funcionando, verás cambios en los cuerpos de ambos que indican que hay excitación. *Shakti* encontrará que sus pezones se han endurecido y que está llegando la humedad, ese rocío de la inmortalidad proveniente de su vagina. *Shiva* tendrá una erección. Ambos sentirán contracciones musculares en sus genitales.

Según avanza la excitación, los músculos alrededor del ano se tensan, el pene de él se agranda, al igual que el clítoris y la vulva de ella, que además se enrojecerá debido a la irrigación de sangre. Tanto *Shiva* como *Shakti* sentirán una descarga a medida que las hormonas desencadenen el calor en sus cuerpos. Es posible que haya una manifestación de *prana Shakti* en forma de calor y un temblor incontrolable.

A medida que las glándulas sexuales vierten hormonas durante la fase de excitación sexual ocurre un proceso de nutrición. El cuerpo se inunda con estos elíxires de la juventud, que son el verdadero secreto del rejuvenecimiento. Cuanto más larga sea la excitación, más hormonas se segregarán.

El sexo oral juega un papel importante en la tradición tántrica. La boca y la lengua pueden proporcionar una estimulación mucho más intensa que las manos. Incluso el coito no proporciona una sensación tan fuerte como el sexo oral. En un entrenamiento tántrico más avanzado se discuten estas técnicas con mayor detalle.

El orgasmo. Cuando la energía se esté acercando al orgasmo, detente y transmuta la energía. Existen muchas técnicas para retrasar el orgasmo. La más avanzada es la Respiración Cobra, que transmuta esa energía intensa y la eleva hacia los *chakras* superiores. Los terapeutas occidentales te dirán que retrases el orgasmo pensando en el mercado de valores o algo que no se relacione con nada. ¡Qué doloroso sería si te separaran de tu pareja en este momento en el que ambos están orientados a llegar juntos! Es mucho mejor centrarse por completo en la energía presente, trabajar con ella y disfrutarla.

Cuando el nivel de energía haya disminuido, vuelvan a estimularse el uno al otro. Muchas técnicas de estimulación, particularmente aquellas ligadas con los bloqueos energéticos, mantendrán el estado de excitación de forma indefinida.

En la medida en que se haya permitido la acumulación de energía, el siguiente pico orgásmico será más elevado que el primero. En ese pico tan alto, a medida que se acerquen al punto de no retorno, retrasen una vez más el orgasmo y mediten. Se requiere de cierta práctica y de mucha consciencia para lograr detenerse antes que el orgasmo esté fuera de control, pero cada vez que logren retrasarlo y meditar entrarán en una meseta más alta. Esta ola *tántrica* puede extenderse durante horas. Así conseguirán experimentar un estado de placer más alto en el cerebro.

En ese momento, el hombre puede tener varios "orgasmos internos" sin eyaculación, sin perder energía. Los *yoguis* afirman que debes renunciar a la actividad sexual con el fin de alcanzar la iluminación debido a que pierdes energía con cada eyaculación. Los maestros *tántricos* dicen que si la relación sexual y el clímax están controlados, no perderás tu energía y no vas a agotar tu fuerza vital. El semen es activado por una energía sutil llamada *ojas* (fuerza o poder). En el orgasmo interno, el hombre extrae esa energía del esperma. Su eyaculación se desvitaliza y ya no es capaz de fertilizar un óvulo, pero su cuerpo queda renovado y energizado.

Durante el orgasmo, la mujer libera una "eyaculación" que contiene una hormona rica en energía y que su compañero puede absorber a través de su pene o que puede ingerir si ella llega a su clímax mientras él la estimula oralmente. Esta hormona es de gran importancia para el hombre, de modo que su función es estimularla lo suficiente como para llevarla a ese punto del orgasmo.

El sexo prolongado requiere fuerza y resistencia, así que debes estar en buena condición física para mantener esta excitación. También requiere que el hombre ponga de su parte para retrasar su orgasmo, lo cual se logra a través del control de la respiración y la dedicación para alcanzar los resultados de largo plazo que ofrece la práctica *tántrica*.

Cuando la mujer llega a su clímax se rinde totalmente y siente que la energía *Kundalini* explota en todo su cuerpo y se precipita hacia arriba por su columna vertebral, abriendo los *chakras* a su paso. Este proceso dura unos seis segundos en el caso de una mujer sin formación en la práctica *tántrica*, pero haciendo uso de los procesos de transmutación, ella puede mantener esa explosión durante todo el tiempo que desee. Es muy parecido a lo que hace un surfista que captura una ola y la remonta en lugar de quedar atrapado y abrumado por ella.

A través del dominio del *Tantra*, tanto el hombre como la mujer pueden tener bastantes orgasmos, mucho más intensos de lo que jamás soñaron que fuera posible, que recarguen todo su sistema nervioso y exciten todo su cuerpo. Para ese momento, el ego se habrá disuelto y ellos se sentirán como uno solo con la máxima unidad universal.

Resolución. Cuando hayas terminado, tu sistema nervioso se sentirá completamente relajado y sentirás que se ha producido el rejuvenecimiento. Estarás abierto a percepciones extrasensoriales y a las energías sanadoras, y serás capaz de proyectar amor y gratitud a tu compañero.

Durante el orgasmo las polaridades se invierten. La mujer se torna más masculina, más verbal, con ganas de comunicarse. El hombre siente más su energía femenina en ese momento. Puede que se sienta incómodo con esa energía desconocida y querrá escapar de ella, pero debe estar dispuesto a permitir que su parte femenina se exprese.

Inmediatamente después del orgasmo nos encontramos en un estado más vulnerable, altamente sugestionable. Cualquier comentario que se haga en este momento puede tener efectos trascendentales. La crítica en un instante como este puede ser devastadora, mientras que las expresiones de amor pueden ser transformadoras. Ojalá en este tiempo puedan solo recostarse juntos, abrazados, simplemente estando cerca, proyectándole amor al otro de una manera no verbal. Este resplandor que se siente en allí puede ser tan importante como el acto de amor en sí mismo, pues los pone en sintonía psíquica entre sí.

Muchos hombres le temen a la vulnerabilidad y no están dispuestos a permanecer presentes en esta situación. Quizás él quiera fumar un cigarrillo para sofocar la energía y luego, rápidamente, escaparse en el sueño, dejándola a ella sintiendo que fue utilizada y abandonada, y por ende enojada. Este tiempo es muy valioso para solidificar la relación. Muy pocas personas están sexualmente satisfechas, la mayoría tiene una profunda sensación de que algo falta. Lo que realmente necesitan es comunión e intimidad profunda, pero deben tener la valentía de estar disponibles para que esto ocurra.

ESTIMULACIÓN

La excitación inicial se estimula de tres maneras: 1) fantasías o imágenes de experiencias sexuales pasadas o futuras, 2) experiencias sensoriales acerca de lo que ves, escuchas, hueles y saboreas, y 3) estimulación física directa mediante el tacto.

Una fantasía puede llevarse a un extremo lujurioso mediante imágenes. Recuerda que el sistema nervioso no puede distinguir entre una experiencia real y una experiencia imaginada intensamente, y que no le interesa de dónde viene la estimulación. Esto es especialmente valioso para las mujeres que están preparando sus cuerpos para el encuentro sexual y así tener una ventaja, de modo que no haya una brecha tan grande entre su período de excitación y el de su compañero. Esta también es una forma de lograr un orgasmo más fuerte y duradero. Los hombres suelen fantasear sin necesidad de que se les dé pie para ello.

Recuerda una experiencia sexual previa que haya sido particular-mente satisfactoria. Recrea en tu mente lo que estaba sucediendo en todos tus sentidos: escucha la música de fondo y el sonido de su voz; huele el aroma del incienso que se estaba quemando en la chimenea y el aroma que llevaba tu amada. Saborea el vino que bebieron juntos y el sabor de su cuerpo a medida que lamías y chupabas cada una de sus partes. Visualiza la imagen de su cuerpo perfilada por la luz de las velas, siente el contacto de sus dedos acariciando tu pelo, de sus labios en tus senos y finalmente de su *lingam* llenándote, explotando dentro de ti, arrastrándote al éxtasis.

Luego toma ese recuerdo y amplíalo. Agrégale todos los detalles que podían haber sucedido, lo que hubieras deseado que pasara. Obsérvalo a él estimulándote en todas las formas jamás imaginadas. Mírate a ti misma en posiciones sexuales que no has intentado antes, en lugares y situaciones que no te atreverías a intentar. Obsérvate a ti misma experimentando orgasmo tras orgasmo, estás limitada únicamente por tu poder de visualización. Una vez más, es cierto que lo que se puede visualizar, se puede manifestar. Cuanto más clara sea la imagen, cuanto más vibrante y real sea, más capaz serás de hacerla realidad.

Es mejor que utilices tus imágenes antes de una cita con tu amante. Si bien la imaginación es una herramienta muy poderosa y una buena preparación, aún está lidiando con las memorias del pasado y los place-res futuros anticipados. El objetivo de cualquier meditación es traerte al momento presente.

Las experiencias sensoriales en el momento te acercan al estado de meditación. Muchos caminos espirituales enseñan la negación de los sentidos. El *Tantra* busca explorar la sensación de cada momento, llevándola hasta su nivel más exquisito sin apegarse, pero haciendo de ella una meditación, enfocándote en la que estás experimentando en ese momento, CON TOTAL CONSCIENCIA, como si nada más existiera. Este enfoque te trae a un eterno presente, la única meditación verdadera. Mientras cierta curiosidad inexplorada esté aferrada a tu mente, los pensamientos seguirán saltando alrededor. Solamente cuando has explorado completamente el mundo de las sensaciones, estás listo para soltarlo y luego experimentar la quietud de la meditación.

Recuerda que cada *chakra* está asociado con uno de los sentidos y con uno de los doce nervios craneales que rodean a la glándula pineal. Estimular un sentido equivale a estimular uno de los *chakras*.

A través del sentido de la VISTA llega la mayor parte de nuestra consciencia del mundo. Es muy importante preparar un sitio para hacer el amor que sea cálido, interesante y que conduzca a la energía sexual. Elige colores vivos. Los rojos son particularmente estimulantes, mientras que el azul te lleva a un espacio abstracto. Siempre haz el amor con luz, tenue tal vez, pero nunca en la oscuridad. Si te sientes incómodo o cohibido en la luz, es una señal segura de que has escindido tu naturaleza sexual y que solo permites que funcione en el anonimato. Para ti es esencial permanecer en la incomodidad y la vergüenza, de la misma manera objetiva y desapegada en la que has aprendido a observar todas tus peculiaridades, a medida en que van saliendo a la superficie de la consciencia.

El sentido del OLFATO está profundamente arraigado en nuestra naturaleza primitiva. Tiene relación con el primer *chakra*, es un vestigio de nuestra naturaleza animal y un impulso poderoso para la energía sexual. Los aromas que se asemejan a las secreciones sexuales son los desencadenantes más potentes. Se han hecho algunas investigaciones interesantes con monos: los órganos sexuales de algunas hembras fueron retirados quirúrgicamente, de modo que no había ningún rastro de las secreciones hormonales. Al ser puestas en una jaula con machos, estos animales fueron ignorados. A continuación, frotaron las secreciones de los órganos sexuales de hembras sanas sobre las hembras de prueba. Los machos entraron en un frenesí, compitiendo por su atención y el placer de su compañía. No descartes tu naturaleza animal, es parte de ti, hónrala y úsala para tu propio beneficio.

Ya que la energía del primer chakra se orienta hacia el estímulo-respuesta, está muy sujeta al condicionamiento. Cierta fragancia de incienso que se esté quemando durante una meditación maravillosa puede condicionarte, de modo que la próxima vez que huelas ese incienso tu meditación será más profunda. Es muy importante crear el mismo ambiente para sacar partido de tu naturaleza. Si eres fumador, probablemente no has olido nada durante años, así que aquí estás en clara desventaja.

Tu sentido del GUSTO está relacionado con el segundo chakra. El sabor depende del olor, así como el segundo *chakra* depende del primero. Si estás acostumbrado a ver televisión y a leer o a hablar mientras comes, probablemente no has saboreado nada durante mucho tiempo. Vivir de forma consciente incluye todas las actividades de tu vida. Permite que la comida que compartes con tu amante sea saboreada en total consciencia. A medida que se degustan uno al otro, dejen que su atención esté totalmente allí.

Tu sentido del OÍDO puede arrastrarte a espacios maravillosos. Ya hemos hablado de los poderes del mantra. Muchos otros sonidos pueden evocar una variedad de estados de ánimo. Es posible que descubras que al escuchar tambores primitivos se despierte una energía que no suele aflorar. Cierto tipo de música puede tocar tu corazón y abrir tu centro emocional. La música sublime puede llevarte hacia el cosmos.

Los hombres suelen ser más visuales en su orientación y las mujeres, más auditivas. Cuando te sintonizas con un medio que no está entre tus experiencias habituales, este puede llevarte hacia espacios inexplorados. Hemos visto ingenieros (energía masculina del lado izquierdo del cerebro en su totalidad), fascinados con la música clásica, porque solo bajo su influencia podían abrirse a su aspecto femenino. La música era su clave para la meditación.

La estimulación física aprovecha tu sentido del TACTO, del cual vienen las más exquisitas experiencias posibles. Si no disfrutas especialmente el ser tocado, puede tratarse de algo que quedó pendiente en la infancia, cuando anhelabas desesperadamente ser tocado y no lo obtuviste. Los bebés que crecen en instituciones y que reciben los cuidados adecuados como cambio de pañales y comida pero que son privados del contacto, a veces se debilitan y mueren, pues el contacto es esencial para la supervivencia humana. Lo necesitamos y lo deseamos.

Si te estás negando esta necesidad, probablemente es para protegerte a ti mismo de recordar ese dolor primigenio. Si estás haciendo los ejercicios de este curso, todo eso saldrá a la superficie. Debes revivir y ser el Testigo de ese recuerdo doloroso para que pueda ser liberado y te deje en libertad para recibir el placer del tacto.

Podríamos fácilmente dedicarle un libro entero a las múltiples formas en que las parejas pueden estimularse y darse placer mutuamente, así como uno acerca de la resistencia que la gente tiene frente a la intimidad y frente al dar y recibir placer. No es de extrañar que haya muchos libros disponibles sobre el tema para aquellos que deseen explorarlo más a fondo.

Lo que podemos agregarle a este vasto conjunto de técnicas de excitación es el aspecto metafísico para ayudarte a comprender lo que está sucediendo en los cuerpos de energía. Estás aprendiendo sobre la alquimia de la transmutación de esa energía, una vez que se despierte, para utilizarla en el progreso del espíritu y el rejuvenecimiento del cuerpo.

Para repasar los puntos ya planteados acerca de la estimulación:
1. Tómate mucho tiempo, permítete al menos media hora de estimulación y otra media hora para las relaciones sexuales.
2. Excita todo el cuerpo antes de tocar las zonas primarias (véase el masaje erótico).
3. Mantén un equilibrio entre dar y recibir estimulación, incluso si prefieres hacer lo uno o lo otro. Estimularse entre sí de forma simultánea tiene una ventaja sobre el hecho de hacerlo por turnos, pues así ambos se mantienen excitados y pueden impulsarse el uno al otro hacia mayores alturas y equilibrar sus estados de excitación. Cuando *Shakti* se excita, *Shiva* se activa automáticamente por el magnetismo de sus energías.
4. Concéntrense en las zonas erógenas primarias (labios, senos, genitales) mientras están acercándose al clímax. Luego pasen a las zonas erógenas secundarias y practiquen las técnicas para retrasar o transmutar y así distribuir la energía por todo el cuerpo hasta que este llegue enteramente a la cima.

Labios y lenguas
Hay un circuito nervioso sutil que va desde los labios hasta el paladar duro, bajando por la parte delantera del cuerpo hasta los genitales. Por la columna vertebral sube otro canal. Hay un "interruptor" en el paladar duro que completa el circuito.

A través de ese canal frontal, el labio superior de la mujer está conectado directamente con s u clítoris y el labio inferior del hombre está directamente vinculado con su pene. Si se besan de modo que ella chupe y mordisquee el labio inferior de él mientras él chupa y mordis-quea el labio superior de ella, van a despertar una gran energía sexual, sobre todo si están haciendo *Vajroli Mudra* y respirando profundamente. Por supuesto, cualquier otra forma de besar también es estimulante.

Cualquiera de los dos puede completar ese circuito tocando con su propia lengua el paladar superior (como en *Khechari Mudra*). Tocar directamente el área que está justo detrás de los dientes estimula tanto el pene como la glándula pituitaria. Arrastrar la parte superior de la lengua lo más atrás posible estimula el *Yoni* y la glándula pineal. Es aún más poderoso que una lengua toque el paladar del otro, de modo que los circuitos se fusionen. En gran medida, una mujer puede excitar a su hombre "dándole su lengua". La punta de la lengua de ella toca el punto de presión que está justo detrás de los dientes de él, lo cual completa un circuito y la energía se precipita hacia su pene.

Senos

Succionar el pecho de una mujer es un estímulo suficiente para llevar a muchas de ellas al orgasmo. Los pezones están conectados con el caduceo *Idá-Pingalá* y esos dos canales se cruzan en el *chakra* sexual, por lo que la conexión es bastante directa y muy fuerte. Acostarse en silencio y succionar como un lactante durante un período prolongado (de diez a veinte minutos), es un regalo maravilloso para un hombre y para su pareja.

Una mujer puede transmutar la excitación que está experimentando al inhalar esa emoción y elevarla por su columna vertebral hasta el corazón. Ella puede exhalar entregando la energía a su amante a través de sus pezones. Él recibe de ella un cuidado profundo, nutrición, la leche de la Madre Divina. Esta es una habilidad que una mujer *tántrica* debe desarrollar.

Todo el seno necesita ser acariciado, no solo los pezones, aunque esa sea la parte más sensible. El seno está diseñado para alimentar a un bebé, y a menudo las manos del bebé lo agarran. La naturaleza ha diseñado el cuerpo de la mujer para que el proceso de amamantar sea intensamente placentero para la madre solo para asegurarse de que el bebé reciba lo que necesita.

Un hombre puede sentirse incómodo con los senos de su pareja. Si sus experiencias infantiles con la lactancia fueron perturbadoras, esta "lactancia" puede traerlas a la superficie. Si su madre estaba resentida, se negó a amamantarlo o fue alimentado con tetero por alguien que no estaba unido a él, esa nutrición profunda del alma que proviene de la lactancia le fue negada, lo cual todavía puede ser muy doloroso. Si aparece la renuencia a la "lactancia", sé el testigo de ello. Evadir ese dolor al evitar los senos de tu pareja es hacerse trampa los dos en una de las experiencias más enriquecedoras a la hora de hacer el amor.

Todas las mujeres que he conocido que han desarrollado cáncer de seno han tenido una relación con un hombre (o una serie de hombres) que tenían su corazón cerrado, que no recibían la energía que debe fluir a través de los senos.

Muchos hombres no han desarrollado sensibilidad en sus tetillas. En la medida en que permitas que tu energía femenina se manifieste, encontrarás que ellas te darán más placer. Si tu corazón está muy protegido, la estimulación de los senos/tetillas puede ser muy molesta. A medida que abres tu corazón, la estimulación se vuelve más placentera. Una mujer puede prestar tanta atención a las tetillas de su pareja como él a los senos de ella.

Genitales

Existen muchos libros e incluso videos, que describen todas las maneras posibles de acariciar y succionar los genitales. Para ello necesitas conocimiento práctico acerca de anatomía genital y de la estimulación. Muchas personas se avergüenzan de sus "partes privadas" y no tienen una percepción consciente de su cuerpo o del de su amante.

Física y metafísicamente, existen correspondencias entre los órganos genitales masculinos y femeninos. El clítoris es el pene femenino y responde de forma similar. Tanto el clítoris como el pene se ponen erectos durante la excitación, ambos disfrutan al ser acariciados, lamidos y succionados, ambos se vuelven muy sensibles justo antes y después del orgasmo, tanto así que a menudo preferirían no ser tocados en ese intervalo. El orgasmo del clítoris se asemeja al orgasmo masculino normal, ya que es breve, localizado y no conduce al éxtasis. Es interesante

Anatomía sexual masculina

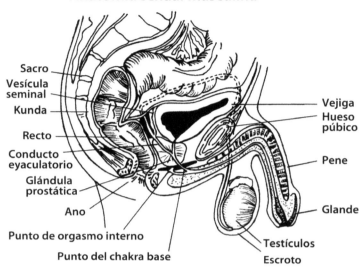

Sacro
Vesícula seminal
Kunda
Recto
Conducto eyaculatorio
Glándula prostática
Ano
Punto de orgasmo interno
Punto del chakra base

Vejiga
Hueso púbico
Pene
Glande
Testículos
Escroto

mencionar que el clítoris es el único órgano que no tiene ninguna función además del placer, y tiene el mismo número de terminales nerviosas que el pene, así que es un órgano altamente condensado y extremadamente sensible.

La glándula prostática masculina tiene su contraparte en el punto G, que en *Tantra* se conoce como el punto sagrado. El verdadero *chakra* raíz en el cuerpo de la mujer está localizado en lo profundo de la vagina, en la parte posterior, cerca del cuello uterino (cérvix). Estimular este punto de forma directa es peligroso, pues el cuello uterino se irrita con facilidad. La estimulación del punto sagrado sirve para excitar las energías femeninas de la raíz.

Tanto la próstata como el punto sagrado se desarrollan a partir del mismo tejido embrionario y para ambos, la presión antes de la excitación es desagradable, ya que produce una necesidad de orinar. Cuando el cuerpo se está acercando al orgasmo, ambos responden al tacto con sensaciones exquisitas que prolongan e intensifican el orgasmo. Durante el clímax, ambos liberan fluidos abundantes con una composición química similar. En el caso del hombre, este fluido es el vehículo para transportar el semen. Para la mujer, es un delicioso néctar, apreciado por

Anatomía sexual femenina

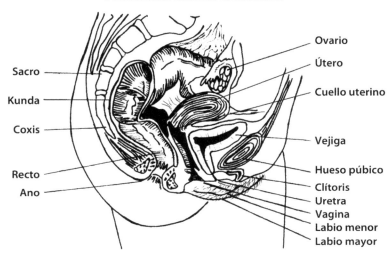

Sacro
Kunda
Coxis
Recto
Ano

Ovario
Útero
Cuello uterino
Vejiga
Hueso púbico
Clítoris
Uretra
Vagina
Labio menor
Labio mayor

los conocedores eróticos. Apenas recientemente ha salido a la luz que la mujer produce un líquido eyaculatorio, contrario a la creencia común.

Hay una pequeña glándula que se ubica justo debajo del sacro, a la que se refieren los textos antiguos como la glándula Kunda, donde se dice que reside la *Kundalini*. La estimulación del chakra raíz sirve para activar las energías latentes en la glándula *Kunda*.

El lugar que hemos designado como el *chakra* base en el perineo, es el punto externo más cercano a la próstata en el hombre. Se puede acceder directamente al punto sagrado de una mujer a través de su vagina.

Acariciar ese punto en tu pareja cuando está excitada tiene tres efectos: 1) produce sensaciones muy placenteras, 2) demora el clímax, por lo cual la energía puede acumularse hasta un nivel más alto (asumiendo que tu pareja está haciendo *Aswini Mudra*), y 3) cuando sueltas el punto y tu pareja hace la Respiración de Transmutación, la energía explota e impulsa la *Kundalini* a lo largo de la columna vertebral. Este punto puede utilizarse para la estimulación, el retardo y la transmutación.

Cuando el orgasmo masculino se desarrolla de esta manera, es igual que un orgasmo femenino, produciendo orgasmos múltiples y extendidos, experiencias místicas y consciencia trascendente.

Una razón por la cual las prácticas homosexuales son tan seductoras es que el coito anal genera la estimulación directa de la próstata, produciendo una nueva dimensión del orgasmo. Sin embargo, esa misma experiencia está disponible en las relaciones heterosexuales por medio de la estimulación manual del punto del *chakra* raíz o la estimulación anal.

Muchas mujeres no han descubierto la diferencia entre el orgasmo clitoriano y el de la *Kundalini*, pero una vez la hayas descubierto, no estarás satisfecha con menos. Luego de un poco de práctica, podrás alcanzar este estado orgásmico con muy poca estimulación física.

Es posible, aunque un poco incómodo, que tú misma localices el punto sagrado: tú o tu pareja pueden insertar un dedo en la vagina y explorar la pared frontal entre 2.5 y 8 centímetros hacia arriba, buscando un tejido rugoso. Su ubicación puede variar. Búscalo solo en estado de excitación, de otro modo las sensaciones no serán particularmente placenteras.

Una vez hayas descubierto el punto sagrado, puedes experimentar con diferentes posiciones sexuales que permitan su estimulación. Debes encontrar la que funcione para ti, considerando la amplia variación en el ángulo de la erección, el tamaño y forma de los genitales, etc. Utiliza otras posiciones o la estimulación manual u oral para obtener la excitación del clítoris. A continuación, pasa a una posición para conectar con el punto sagrado. Las siguientes tres posiciones funcionan bien para ello:

Ella está completamente en control del ángulo de penetración y puede estimular primero su clítoris y luego su punto sagrado.

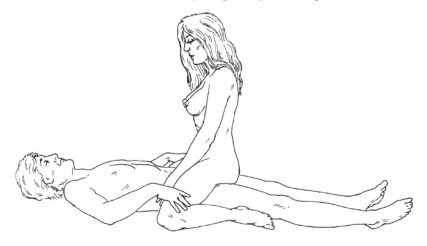

La mujer puede ajustar el ángulo de penetración para estimular el punto sagrado. Una almohada debajo de las caderas puede ser de gran ayuda.

Él puede alternar entre empujes profundos y otros no profundos (para estimular el clítoris de ella). Esta es una de las mejores posiciones para estimular el punto sagrado.

Testículos

Apretar los testículos suavemente y de manera circular los estimula para que entreguen más esperma (cuya energía se puede reciclar). El hombre siente maravillosamente este toque y la energía adicional produce un orgasmo más intenso. Su pareja puede realizar esta estimulación de forma oral o manual. Este es un lugar muy vulnerable en el cuerpo masculino y debe ser tratado con la mayor sensibilidad.

Ano

Junto con los genitales, el ano es la zona más sensible y erógena. En el masaje erótico se denominó zona terciaria, lo que indica que solamente se vuelve placentera después de cierta estimulación de las zonas secundarias y primarias.

No recomendamos la inserción de ningún aparato en el ano, pues su tejido es muy delicado y no está diseñado para soportar objetos extraños. Una mujer puede aprender a hacer el masaje prostático accediendo a la glándula a través del ano. Algunos hombres encuentran que esto es extremadamente placentero. Asegúrate de utilizar un guante quirúrgico o al menos una funda para dedos y lubricación abundante. La precaución es especialmente importante con la actual epidemia de VIH.

Para la estimulación externa, utiliza la yema de tu dedo medio para masajear el ano. Acaricia a su alrededor, presiona y libera, a medida que tu pareja hace *Aswini Mudra*. Tu "masaje" sirve tanto para estimular como para ayudar a tu pareja a contener la energía. Puedes hacerlo en cualquier momento de la relación sexual. Sin embargo, si un hombre ha tocado el ano de una mujer, esa misma mano no puede tocar su vagina, por razones obvias de higiene.

Cuerpo completo

No te quedes tan absorto en los genitales, como para que olvides el resto del cuerpo. Continúa involucrando con labios, los senos y las zonas secundarias.

TÉCNICAS PARA RETARDAR

A medida que se aproxima el orgasmo puedes escoger: 1) retrasarlo, 2) transmutarlo, 3) entregarte. Es posible que desees retrasar el clímax varias veces para acumular una mayor carga de energía. Cuando finalmente sientas que la energía es muy intensa, pero puedes llegar a manejarla, ya estás listo para transmutar. En algunos momentos se sentirá bien dejarse llevar por el orgasmo y no intentar ninguna técnica. Debes tratar de hacer siete Respiraciones Cobra (o Respiraciones de Transmutación) antes de entregarte al orgasmo. Incluso entonces, continúa estimulando el punto sagrado, así el orgasmo será más largo e intenso.

Técnicas para retardar (para mujeres).
1. Relaja cualquier tensión que pueda estar presente en el cuerpo (tensión-relajación, ver lección 1.)
2. Respira profunda y lentamente para difundir la energía acumulada (Respiración Completa, ver lección 2).
3. Practica la meditación *Hong Sau* (lección 8).
4. Detén la estimulación directa hasta que la energía haya disminuido un poco. Acuerden alguna señal para que tu pareja sepa que debe pasar a una zona menos sensible.
5. Deja de hacer los *mudras Vajroli* y *Aswini* (lección 9). La mayor parte del tiempo debes estar contrayendo y relajando, excepto en el momento del retardo o la transmutación.
6. Aplica el bloqueo de la raíz y sostenlo. Cuando lo liberes, la energía se elevará por tu columna vertebral.

Técnicas para retardar (para hombres).
Cualquiera de las técnicas dadas para las mujeres puede ser utilizada por los hombres al comienzo de la excitación, pero estas pueden no ser lo suficientemente fuertes para detener un orgasmo masculino al límite de alcanzar su punto máximo.

1. Movimiento de los ojos. Toda la energía se mueve en el sentido de las manecillas del reloj (hacia la derecha). Cuando la inviertes moviéndola en sentido contrario (a la izquierda), dispersas la energía.

 a. Toma una respiración profunda y sostén mientras cuentas hasta dieciséis.
 b. Haz el *Khechari Mudra*.
 c. Mueve los ojos tres veces, en dirección contraria a las manecillas del reloj.
 d. Tensiona el músculo del ano.
 e. Exhala y relaja el músculo del ano.
 f. Repite tres veces y continúa con el acto sexual. Una vez tengas el control, reanuda las contracciones anales.

Usando esta técnica, un hombre puede continuar teniendo relaciones sexuales durante dos o tres horas, o tal vez más. Una mujer podría utilizar esta técnica, pero es un poco más extrema de lo que normalmente sería necesario para ella. Asegúrate de que tu pareja sepa lo que estás haciendo, pues podría ser un poco inquietante para una nueva pareja verte practicando esta técnica.

2. Bloqueo *tántrico* del chakra base
Para retardar:

 a. Toma tres respiraciones lentas y profundas.
 b. Respirando de forma natural, utiliza el dedo índice y el dedo medio para hacer presión sobre el punto del *chakra* base (perineo). Si tu pareja está en la posición correcta, puede hacerlo por ti.
 c. Libera la presión, toma una respiración profunda y haz el *Khechari Mudra* hasta que tengas el control.

Para extender el orgasmo, alterna presionar y liberar el punto del *chakra* base.

Para producir una precipitación de la Kundalini, sostén la presión sobre el *chakra* base y mantén el bloqueo de la raíz. Libera ambos de forma simultánea con el pico del orgasmo, mientras haces la Respiración Cobra o la Transmutadora.

3. Halar los testículos

Para retardar: a medida que el hombre se aproxima al orgasmo, el saco escrotal se eleva firmemente contra el cuerpo. Sujeta suavemente el escroto y hálalo lejos del cuerpo para retrasar el clímax.

Para transmutar: puedes halar los testículos mientras transmutas la energía con la respiración y los *mantras*.

Para el orgasmo interno: puedes utilizar el tirón de los testículos para intensificar el orgasmo interior. Presiona el punto en la base del pene mientras halas los testículos.

Rendirse: si eliges tener un orgasmo normal, puedes prolongarlo halando y soltando el escroto de forma alterna. Nosotros fomentamos los métodos que conservan la energía, pero siempre tienes la oportunidad de eyacular.

En cualquiera de los procesos anteriores, la mujer puede manipular los testículos guiada por su pareja.

El orgasmo interno

En *Mahatantra*, el gran Tantra, vas más allá del orgasmo físico al orgasmo interno, en el cual no tienes una eyaculación externa. Este se siente muy parecido al orgasmo normal, localizado en los genitales, pero es más intenso, más placentero e involucra todo el cuerpo. Dado que no hay pérdida de semen, puedes mantener una erección y tener varios de estos orgasmos. La esencia de vida del semen y su valor nutritivo son reabsorbidos por los cuerpos etérico y físico, respectivamente.

Tu pareja puede acariciar tu pene con una mano y apretar suavemente tus testículos con la otra. Esto los estimula para que produzcan más semen. La estimulación del pene atrae energía solar para revitalizar el esperma.

Cuando estés al borde del clímax, ella presionará un punto en la base del pene (alrededor de cinco centímetros delante del punto del *chakra* base). Ella frotará con caricias circulares para difundir la energía mientras tú contienes la respiración. Esto bloquea el flujo de semen en el conducto del pene. Ella también presionará el punto del *chakra* base para detener el orgasmo físico. Es posible que comiences a temblar y luego a sentir que eres arrastrado hacia la explosión cósmica del orgasmo interno.

NOTA: esto se diferencia de la transmutación en que la explosión de energía es localizada e intensa, en lugar de difundirse a través de todo el cuerpo. La energía difundida tiene su propia intensidad, pero a un nivel más sutil y puede apreciarse más en estado meditativo.

¿Qué no hacer?

Incluimos las próximas dos prácticas como ejemplos de prácticas actuales recomendadas por autoridades destacadas, que definitivamente no son beneficiosas para ti.

1) Pensar en otra cosa. Como lo hemos mencionado anteriormente, este método de larga tradición hace que la mujer se sienta abandonada. Ella sabe con certeza cuando su pareja está en otro lugar de sus pensamientos. ¡La primera regla del *Tantra* es estar presente y permanecer consciente! Por tanto, esta es una técnica inaceptable.

2) La técnica de apretar. Cuando el orgasmo es inminente, el hombre aprieta la punta de su pene para retrasar el orgasmo. Si está tratando de prolongar el orgasmo, aprieta y relaja de forma alterna. Esta práctica tan conocida es incómoda, ineficaz y potencialmente peligrosa, ya que permite que el semen entre por la uretra. Si por alguna razón él no eyacula, ese semen se devolverá hacia la vejiga, donde puede causar una infección de la vejiga o prostatitis. Una vez que el semen está en el pene debe ser liberado. El objetivo de utilizar las técnicas que recomendamos es evitar que llegue tan lejos.

UN ESCENARIO

Se habían perdido a sí mismos explorando el cuerpo del otro, tocando y saboreando. Él se había acercado a ella muy lentamente, mordisqueando sus orejas y su cuello, evitando sus senos con reverencia, acariciando la cara interna de sus muslos, rozando sus genitales. Después de un tiempo las partes obviadas hicieron un llamado, pidieron ser tocadas y él así lo hizo.

Parecía como si pudieran comunicarse con la mente, estaban muy sintonizados. Lo que empezó como una atracción lujuriosa había trascendido a la comunión. Él había sido atraído por su belleza, pero ahora estaba viendo una belleza más profunda que lo trasladó a un estado de veneración. Ella podía sentir la transformación, supo que él era consciente de la Diosa que habitaba dentro de ella y ya no hubo necesidad de ocultar esa energía. Ella sintió que su relación con la tierra se había hecho más fuerte y aprovechó su fuerza de vida, mientras sus músculos anales palpitaban en la contracción. Los labios de su vagina se abrieron, se enrojecieron, se hincharon, mientras la tierra llenaba su vientre con energía dadora de vida. Ella sintió un cosquilleo en su monte de Venus. Él, incapaz de esperar otro momento, entró en ella.

El poder de su excitación era sobrecogedor. Mientras él miraba a este ser increíble, se sintió aturdido y un torrente de energía llenó su pene. Pensó que iba a explotar, pero era demasiado pronto, este momento debía ser prolongado. Él había estado contrayendo rítmicamente su ano y la energía se había acumulado hasta niveles inmanejables. Él sabía qué hacer. Llevó su lengua hacia la parte de atrás de su boca y respiró profundamente, puso sus ojos en blanco varias veces para dispersar la intensidad de la energía. Ahora estaba listo para seguir adelante.

Momentos después, ella empezaría a sentir una intensidad creciente que pronto se convertiría en la cresta de una onda orgásmica. Ella ofrece su lengua a la boca dispuesta de él, quien siente de nuevo un aumento en la oleada de energía en sus genitales. Se mueven muy lentamente, y con mucha gracia.

Cuando ella empezó a acercarse al clímax, respiró profundamente, una y otra vez, arrastrando la ola orgásmica por todo su cuerpo. Sus músculos anales y su vagina se contrajeron, produciéndole a él sensaciones fantásticas. Una vez más, él tuvo que ejercer el control. Solo tomó unos segundos llegar al punto de resguardo, se trataba de un pico más elevado esta vez.

Había poco movimiento en el clímax de ella, gemía sin agitación. Sus contracciones internas eran la mayor parte del movimiento. Ella lo acercó más y su energía comenzó a dispararse a través de él, quien apenas se movía, pues no quería perderse nada de la fiesta sutil que ella le ofrecía.

Ella chupó el labio inferior de él, quien hacía lo mismo con el labio superior de ella, mientras sus cuerpos de energía se fusionaban. Ella había terminado con la meditación y se rendía ante el torrente de energía orgásmica, tan intensa pero tan relajada. A medida que ella se abría a sí misma más y más, las dimensiones de la energía se expandían, arrastrándolo hacia ese gran vacío en el que nada es y todo es.

Él era consciente de que ella estaba tocando un punto debajo de su pene, y aunque acababa de tener un orgasmo intenso, su erección seguía siendo fuerte y estaba lleno de energía.

Ella descansó por un momento, pero de ninguna manera había terminado. Él se acostó boca arriba mientras ella lo montaba. Él se movía lenta y suavemente, lo suficiente como para mantener su erección, empujando más profundamente en la vagina de ella y produciendo más presión en su clítoris. Ella comenzó a moverse hacia arriba y hacia abajo, experimentando un poco, para encontrar el ángulo que le diera la mayor estimulación, primero en el clítoris y luego en el punto sagrado mágico. Ambos seguían haciendo las contracciones anales. Él sintió los apretones rítmicos de ella masajeando su miembro palpitante. Esta interacción dinámica lo llevaba hacia otra dimensión.

Él no podía aguantar más, así que dejó de moverse y ella también. Él respiró profundamente, sintiendo cómo la energía se difundía por todo su cuerpo con la respiración. Mentalmente, comenzó a cantar *OM-OM-OM*. Un tintineo llenó su cabeza coincidiendo con la intensidad de la explosión inminente en sus genitales, y entonces estas dos concentraciones de energía se volvieron una a medida que su cuerpo se llenaba de una oleada tras otra de luz.

Cuando se hubo calmado, miró a esta diosa que lo había transportado a tales dimensiones desconocidas. Su energía fue la potencia que lo impulsó hacia el vacío, donde sintió muy profundamente que estaba en casa. Asombrados y agradecidos por ser parte de algo mucho más grande que la vida, se abrazaron y sintieron que este momento nunca tendría fin.

PRÁCTICA INDIVIDUAL

Si bien esta lección ha examinado técnicas para parejas, puedes incluir todas estas prácticas en tu meditación autoerótica. De hecho, es más fácil lograr el dominio de las técnicas por tu cuenta, sin una pareja. Practica estimulándote a ti mismo, retardando y prolongando el orgasmo. Practica la transmutación de todas las maneras en las que ha sido presentada.

PRÁCTICA EN PAREJA

Toda esta lección es una práctica en pareja.

CONSCIENCIA

1. **Revisa tu historia sexual.** Escribe con cierto nivel de detalle los patrones que has establecido cuando quieres tener sexo: los escenarios, las parejas, las posiciones, el tiempo permitido. Es importante traer a la consciencia lo que ha venido ocurriendo

como un hábito. Para escribirlo, debes traerlo con un enfoque muy claro. Es probable que ahora sea bastante confuso, ya que nuestras naturalezas sexuales se han visto obligadas a llevar a cabo sus actividades de forma un poco alejada de la consciencia.

2. **Escribe tu propia versión de un "escenario".** Haz de cuenta que estás escribiendo para una revista erótica, decidido a presentar una sesión *tántrica*, en lugar de las cosas trilladas que uno normalmente se encuentra en ese tipo de revistas. Si te surge algo especialmente agradable, envíanoslo y lo imprimiremos en nuestro diario *tántrico*.

    El punto no es ser un gran escritor. El propósito es hacerte visualizar muy claramente, cómo funciona el amor tántrico. Si no puedes verlo en tu mente, es probable que no puedas llevarlo a la práctica. Cualquier cosa que puedas visualizar se puede manifestar.

LECCIÓN 11

Posiciones y circuitos

Circuito solar-lunar individual. En cada cuerpo humano hay un circuito potencial para equilibrar la energía solar y lunar. Sin entrenamiento, ese circuito no suele completarse y la energía permanece desequilibrada (es decir, excesivamente solar o lunar).

Hemos examinado la energía solar en *Pingalá*, el canal del lado derecho de la columna vertebral. Es cierto que la energía solar desciende por la parte posterior de la columna.

Hemos visto la energía lunar en *Idá*, el canal sutil del lado izquierdo de la columna vertebral. Es cierto que la energía lunar fluye hacia arriba por la parte frontal de la columna.

De hecho, las dos corrientes forman una doble hélice alrededor de la columna, la cual puede ser vista desde la perspectiva frontal o lateral. Cualquier modelo es útil para estas técnicas.

La lengua levantada en *Khechari Mudra* es un interruptor para completar este circuito, siempre y cuando el cuerpo/mente sea lo suficientemente puro como para transportar la energía. Su rotación a través de este circuito es la esencia del *Tantra Kriya Yoga* y otras enseñanzas espirituales avanzadas.

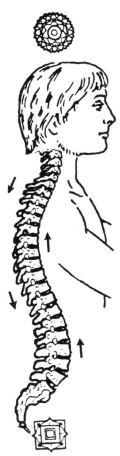

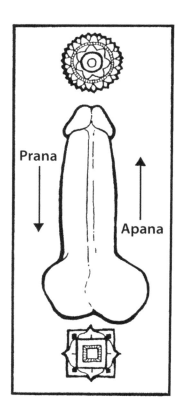
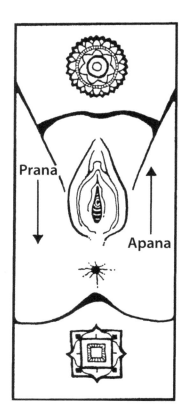

Circuito genital solar- lunar

Los circuitos de energía en los genitales representan simbólica y funcionalmente las corrientes de todo el cuerpo.

Los testículos representan a *Idá* y a *Pingalá*, los canales lunar y solar. Cuando los testículos son estimulados adecuadamente, *Idá* y *Pingalá* fluyen en equilibrio.

Los labios también representan a *Idá* y *Pingalá*. Ellos se derivan del mismo tejido embrionario que el escroto. Acariciar solamente los labios exteriores en la dirección indicada trae ese equilibrio energético.

En los textos clásicos se hace referencia **al pene** como la vara Muradanda, el bastón de la vida, en honor a la fuerza generadora de vida que expresa. Representa el canal *Sushumná*. El hombre aplica el bloqueo de la raíz y acumula energía bajo presión, de modo que cuando eyacula, el pene se convierte en el conducto para una avalancha de energía *Kundalini*.

De la misma manera, con la presión acumulada, la *Kundalini* podría precipitarse hacia arriba por su columna vertebral. La eyaculación es para el hombre un anticipo de lo que ofrece la experiencia de la *Kundalini* ya que las sensaciones son muy similares, y—por supuesto—también es una trampa, ya que por sensaciones tan placenteras, el hombre está dispuesto a pagar un enorme costo energético. El orgasmo drena su reserva de fuerza *Kundalini* y le niega la posibilidad de esa experiencia. Sin *Tantra*, un hombre tendría que tomar la difícil decisión de renunciar al placer inmediato del orgasmo y trabajar en pro de la experiencia de la *Kundalini*. Con el *Tantra* no es necesario tomar tal decisión: él puede conservar su energía y aun así obtener el placer del orgasmo.

Hay cinco tipos de energía pránica, uno para cada elemento. La energía de la tierra, *apana*, es controlada por el primer *chakra*. Allí, la energía de la tierra entra y sale del cuerpo. La punta del pene es una entrada para la energía solar, como lo es la coronilla de la cabeza. Sentándote bajo la luz del sol, puedes halar energía solar a través de la punta del pene por medio de la visualización y la respiración para dirigirla hacia los testículos, donde se electrifica el esperma.

A medida que la energía comienza a moverse en el pene, este se sentirá caliente en la punta (sol) y frío en la base (tierra). Hacer el bloqueo de la raíz para evitar que *apana* se escape crea presión. Mientras te estimulas y haces la técnica de respiración, puedes sentir la energía circulando de un lado al otro a lo largo del pene, de un extremo al otro. Este es tu circuito *Kundalini* de la vida.

El clítoris tiene la misma función que el pene, con su punta como la cabeza solar. Una vez más, el primer *chakra* sirve como entrada para la energía de la tierra. El perineo, equivalente al primer *chakra* de un hombre, es el punto externo más cercano al primer *chakra* en la mujer, pero, como hemos descubierto, el punto real se encuentra varios centímetros hacia adentro y se puede llegar a él directamente a través de la vagina. Por esta razón, cuando una mujer hace el bloqueo del *chakra* raíz debe involucrar tanto los músculos vaginales como los anales.

Circuito solar-lunar en pareja

Cuando una pareja entra en unión de forma consciente, mueve su energía simultáneamente. Sus esfuerzos cooperativos son mucho más gratificantes que el esfuerzo individual. Dos mentes unidas en un solo pensamiento crean una fuerza poderosa. Su fuerza y su debilidad se equilibran entre sí. Ella puede fácilmente halar energía magnética hacia adentro desde la base y ese magnetismo conduce la energía eléctrica hacia abajo desde la cabeza de él. El equilibrio entre los aspectos masculino y femenino les permite mover la energía de nuevo hacia arriba.

Estamos encerrados en un huevo áurico, un campo de energía con polos positivo y negativo. Cuando te conectas con un compañero, se configura un círculo completo de energía en la pareja, tal como ocurre con el cosmos.

Una vez que este circuito esté conectado, cada *chakra* vibrará en resonancia con su propia frecuencia.

Las distintas posiciones crean movimientos de energía diferentes. En muchos textos *tántricos* y en piezas de arte erótico hay posiciones sexuales que la mayoría de los occidentales no podrían realizar. Muchos indios están acostumbrados a ponerse en cuclillas, así que la posición de loto les resulta fácil. Toda una vida de estar sentados en sillas ha hecho que estas posiciones sean imposibles para nosotros, pero no te desanimes.

Si no te sientes cómodo en la posición *Yab-Yum* clásica (página 186), estas dos variaciones son igualmente efectivas. En el amor *tántrico*, la única consideración es que la columna debe estar relativamente recta. Así, cuando hagas

la Respiración Cobra, la energía podrá viajar sin impedimentos por la columna. Aprenderás a crear un circuito cósmico entre tu pareja y tú.

Circuito corazón-genitales

Además de la solar-lunar, hay otra polaridad esencial para hacer el amor: el circuito corazón-genitales.

Los senos son el polo positivo de la mujer. Desde ellos, ella entrega la esencia de su feminidad, expresando la diosa que habita en su interior. Así como la leche de sus senos proporciona el alimento para su bebé, la energía de los pezones nutre a su pareja.

Una vez que una mujer ha aprendido a verter conscientemente la energía hacia afuera de su pecho, su pareja, si es sensible, puede sentir la calidez exquisita de su energía a medida que lo inunda.

Pero el hombre mantiene su corazón protegido. El espacio del corazón se siente muy peligroso para él, así que prefiere evitarlo y experimentar la sexualidad solo en su cabeza y genitales. Ahí radica el problema principal en la batalla de los sexos. La mujer continúa presionando para involucrar al hombre al nivel del corazón y el hombre lo evita con cada estratagema que tenga a su disposición.

Hasta que ella no sea recibida por completo, la mujer no encontrará la plenitud. Por esta razón debe ser paciente, persuadiéndolo poco a poco para que abra su corazón. Puede frotar su pecho en círculos (estimulando el chakra del corazón), así como sus tetillas (aunque es posible que él no disfrute esto si su resistencia es grande). Puede derramar su amor en el pecho de él cada vez que se abrazan. Con el tiempo, ella derretirá su armadura.

En todos los tiempos y lugares, las sociedades han perdonado a los hombres que tienen relaciones sexuales sin amor, comprendiendo que esta es la naturaleza del hombre. Sin embargo, universalmente son intolerantes con las mujeres que tienen relaciones sexuales por motivos diferentes al amor. Sabemos instintivamente que los esfuerzos de la mujer para incluir el amor que sostiene son esenciales para la evolución de nuestra especie. Cuando ella abandona esta tarea, sentimos un desasosiego colectivo. A la mujer le es dado enseñar al hombre a amar y así debe ser.

Para ser receptivo, el hombre debe entregarse a su energía femenina, cambiando su polaridad y volviéndose más femenino. Esto aterra a la mayoría de los hombres, pues han sido cuidadosamente entrenados para ser varoniles y despreciar cualquier cosa "afeminada". Para el *Tantra*, la mentalidad "machista" tiene que ceder: el hombre debe llegar a apreciar e incluso a venerar los principios femeninos y estar dispuesto a experimentar el mundo en esa modalidad.

Cuando finalmente el hombre recibe con el corazón, puede mover esa energía hacia su pene para sentirse excitado, conectando el *chakra* corazón y el centro sexual. Cuando el hombre se entrega a la energía femenina por un período prolongado de tiempo, se transforma y su sexualidad adquiere una nueva dimensión.

El pene es el polo positivo del hombre. Desde allí él entrega la energía que es la esencia de su virilidad. El hombre está muy dispuesto a dar esa energía cuando y donde sea posible, pero una vez más, el problema radica en la recepción. La mujer ha sido condicionada para temer el embarazo, para encontrar poco atractivo a este órgano y para resentir el hecho de ser utilizada para su satisfacción. Ella puede no darse cuenta del profundo poder que este representa. Una actitud de culto es exactamente lo que los hombres quieren y siguen esperando. Cada película pornográfica que se ha hecho (calculada para satisfacer las necesidades frustradas de los hombres) representa a una mujer que adora y rinde culto al pene de su pareja. ¿Cuántas mujeres hacen esto en la vida real?

Cuando la mujer recibe con gratitud esta energía, su corazón se abre aún más y la energía brota de sus senos con mayor libertad. Una vez este circuito esté fluyendo, los amantes se pueden llevar mutuamente a una profunda satisfacción.

El destino último de la mujer es convertirse en la Madre Divina. Ella se prepara para ser madre desde el momento en que es una pequeña niña que sostiene una muñeca. La ceremonia de boda en la India incluye la esperanza de que la esposa pueda convertirse en "madre" de su marido a medida que envejecen. ¿Cuántos hombres mayores se refieren a sus esposas como "madre"?

El deseo más profundo del hombre es volver a entrar a ese útero cósmico, el objeto de veneración y culto entre los *tantrikas*. Para él, el acto sexual representa su deseo de regresar a la comodidad de ese estado de gozo.

Para que tanto el hombre como la mujer se realicen, él debe abrir su corazón y recibir alimento de ella, y ella debe ser la gran *Yoni* que se abre como una flor de loto para recibirlo.

Circuito inicial del corazón

Puesto que para algunos hombres es difícil recibir a través del corazón, este ejercicio es una forma hermosa para facilitarle a él entrar en la receptividad.

Estimúlense mutuamente lo suficiente para hacer posible la penetración. Permitan que la mujer se posicione de modo que el eje solar del pene esté frotando el punto sagrado en el que ella recibe energía. Él tomará uno de los pezones en su boca y succionará. Esto va a estimular más energía y ella la sentirá acumulándose en sus genitales mientras aplica el bloqueo de la raíz. Él puede poner su mano izquierda (mano receptiva) en el otro pezón, para que no se desperdicie nada.

Ella va a halar esa energía hacia su corazón por medio de la respiración. Durante la exhalación, la proyectará a través de sus pezones. Si él es sensible, sentirá una agradable oleada de energía. Dado que la boca no es un lugar protegido, y como su primer instinto fue el de succionar para alimentarse, él podrá recibirlo de esta manera.

En algún momento, la energía llegará a ser tan intensa que la mujer querrá llevarla directo al Tercer Ojo varias veces antes de experimentar un orgasmo. Esta es una manera simple de conseguir un orgasmo largo y maravilloso.

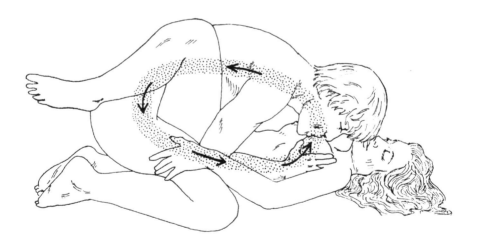

El circuito corazón-genitales
1. Siéntense en posición *Yab-Yum*, en unión, con el pecho de ambos estrechándose y abrazándose uno al otro.
2. Establezcan conexiones psíquicas, primero en los genitales y después en el corazón, mediante la observación de los chakras

como discos dorados, luego extendiendo esa luz para incluir el disco dorado de su pareja.

3. Establezcan un flujo de energía. A medida que la mujer exhala, ella proyecta energía desde su corazón. Simultáneamente, el hombre inhala, recibiendo la energía de ella y llevándola hacia abajo por su columna vertebral. Halar energía desde el corazón hasta los genitales ayuda a reconectar esos dos centros para sanar la división entre el amor y el sexo, entre el alma y el cuerpo.

4. Al exhalar, el hombre proyecta energía desde su pene. Simultáneamente, la mujer inhala, recibiendo su energía y llevándola hacia su corazón.

5. Continúen durante cinco minutos. Permitan que su ser se llene de gratitud, sabiendo que hay alguien allí que realmente recibe lo que tienen para dar.

Verdaderamente, el sentimiento de gratitud es la clave para abrir el *chakra* del corazón. La palabra para el estado de gracia viene del latín "gratis", que significa gracias. Cuanto más profunda sea tu gratitud para con tu pareja o para con el universo, más abierto estará tu corazón y más profunda será tu conexión.

Es posible experimentar un orgasmo en el *chakra* del corazón. La sensación física es muy similar a la de un orgasmo de cuerpo entero, pero está centrada en el corazón. Mientras que el tono emocional del orgasmo normal es el placer, el de un orgasmo del corazón es una alegría inmensa, incontenible. Existen técnicas avanzadas para hacer que esto suceda. Nuestras experiencias de él se han producido espontáneamente.

Circuito corazón-genitales

Mudra de Oración

A medida que exhala, ella baja la cabeza para permitir que la sangre se acumule en su cerebro. Cuando comienza a hacer la Respiración Cobra (o Respiración Transmutadora), la energía que está en su cabeza inunda todo su cuerpo. La contracción anal que hace junto con la inhalación lo estimula a él y al relajarla, le transfiere la energía.

El papel de él es pasivo: pone un dedo en el ano de ella para que no haya pérdida de energía. Además, hace *Aswini Mudra* y recibe la energía de la tierra que ella libera para él. Cuando esa energía acumula suficiente presión, él puede halarla por medio de la Respiración Cobra (o Respiración Transmutadora).

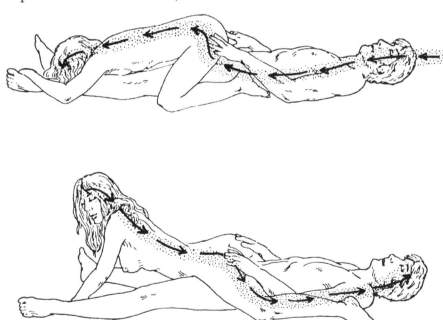

Relajados

En esta posición, la pareja abre los canales en ambos cuerpos. Cuando se recuestan de esta manera, generan una sensación muy relajante. Esta es una posición de baja energía, no hay movimiento de empuje. El hombre puede no mantener una erección, pero eso no importa. La energía se dispersa por todo el cuerpo/mente, no solo en los genitales. Este es un circuito para el rejuvenecimiento.

Ambos hacen las contracciones anales. La energía de *Shiva* se extrae por medio de la atracción que ejerce el magnetismo de *Shakti*. Ella recibe la energía de él y permite que circule en su cuerpo para retornarla después al universo.

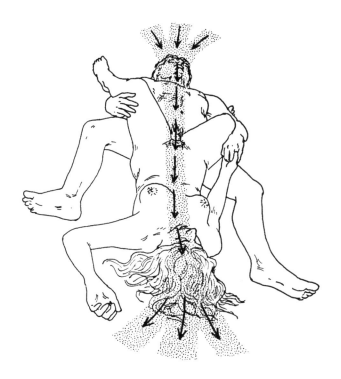

Circuito 6-9

Al practicar mutuamente la estimulación oral-genital, se crea un circuito que detiene el afán de procreación. Él puede beber el rocío de la inmortalidad a medida que ella lo manifieste. La polaridad de ella cambia en este circuito, pues recibe en su boca y entrega desde sus genitales.

En esta posición, o girados sobre su costado, ambos tienen acceso pleno a los genitales del otro para estimularlos oral o manualmente.

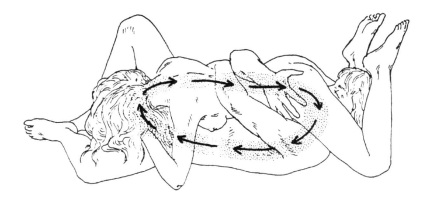

EL BESO TÁNTRICO

El beso *tántrico* es una postura *yóguica* de saludo en la que dos personas descansan sus frentes una contra otra para hacer una meditación mutua. El beso se puede hacer de pie, recostados o sentados en postura *Yab-Yum* (abrazándose con las extremidades).

Unir y tocar las frentes humedecidas sincroniza las ondas cerebrales. Sostenerse y sentirse uno al otro armoniza los latidos del corazón. Sincronizar las ondas cerebrales y los latidos del corazón tiene una correlación positiva con la PSE (percepción sensorial extendida) y humedecer las dos frentes produce una mejor conductividad.

El beso psico-espiritual beneficia la salud. La fotografía Kirlian ha demostrado que dos personas que sienten emociones cálidas y compasivas de parte del uno hacia el otro producen emanaciones que se extienden entre ambos y a veces se fusionan en un patrón.

Así como nuestro nacimiento físico depende de dos semillas, hay un nacimiento psico-espiritual cuando dos personas juntan sus cabezas. Los beneficios para la salud provienen de la relajación y de una seguridad gozosa que persuade al cuerpo, de manera inconsciente, de que vale la pena vivir la vida.

La práctica diaria de la alegría promueve la autopurificación y la longevidad. La calidad de vida también mejora porque la alegría es contagiosa y conduce al trabajo socialmente productivo.

Otro beneficio importante es que, con la práctica reiterativa, el beso *tántrico* produce una comunicación telepática. Es necesario tener paciencia, ya que toma un tiempo aprender el lenguaje del otro.

El beso *tántrico* y la evolución humana. El beso psico-sexual trasciende la genética aleatoria de la procreación y permite que los padres diseñen un ser *hu-mano* sano y evolucionado (*Hu-man* = mente de luz). El beso *tántrico* reiterativo antes de la concepción permite que las gónadas produzcan semillas armoniosas. Después de tener relaciones sexuales, el beso tántrico puede arreglar psico-cinéticamente la estirpe del semen, de modo que el esperma más compatible sea el que fecunde al óvulo. Después de la concepción, el beso *tántrico* promueve un mejor desarrollo embrionario.

Mediante la concentración mutua en las características deseadas, podemos crear un ser *hu-mano* superior. La genética del amor psico-cinético es más segura y direccional que las técnicas actuales de ADN recombinante. Si el beso *tántrico* se practicara en la sociedad, disminuiría la incidencia de defectos de nacimiento y, en general, conduciría a que la gente fuera más sana, saludable y longeva.

PRÁCTICA INDIVIDUAL

1. **Experimenta con el circuito genital,** visualizando cómo se mueve la energía hacia adelante y hacia atrás en los genitales. Esta es, por supuesto, una experiencia mucho más vívida con la Respiración Cobra. Si aún no has recibido la iniciación, puedes practicar el circuito mentalmente.
2. **Este circuito individual es realmente la meditación *Hong-Sau.*** Encuentra la correlación a medida que trabajas con estos dos procesos.

PRÁCTICA EN PAREJA

Practica los diferentes circuitos: circuito del corazón (inicial y avanzado), *mudra* de oración, relajados, circuito 6-9 y el beso *tántrico*. Sientan cómo sus mentes se unen orientando el movimiento de la energía, luego relájense y experiméntenla en movimiento.

CONSCIENCIA

Hazte consciente de los circuitos que existen entre las personas que están en tu vida y tú. Sintonízate con esos intercambios de energía desde la clarividencia.

Alguien que te excita: sé consciente del vínculo energético a nivel del *chakra* sexual.

Alguien que te domina o a quien tú dominas: observa el cordón que los une a nivel del tercer *chakra*.

Alguien a quien verdaderamente amas: contempla la corriente de energía que fluye de un corazón al otro.

Alguien con quien tienes una fuerte conexión mental: siente cómo sus entrecejos se vinculan cuando tienen una conversación fascinante.

LECCIÓN 12

El ritual sagrado Maithuna

De alguna manera, el ritual sagrado *Maithuna* ha existido en todas las culturas avanzadas, variando de una a otra de acuerdo con sus tradiciones. Este es uno de los rituales más sagrados que puedes compartir con otro ser en este plano. Si el ritual tiene éxito, es posible alcanzar la iluminación en una sola práctica. Esta es la forma más eficiente para llegar al final del camino.

Todas las herramientas que necesitas para fortalecer y purificar tu cuerpo físico y pránico te han sido dadas. Si has hecho tu preparación y estás listo, este ritual podría transformar tu consciencia.

Muchas ceremonias nupciales se refieren a "convertirse en una sola carne". El dedo anular simboliza el lingam, el anillo es el yoni. Poner el anillo de bodas en el dedo une a *Shiva* y a *Shakti* como si fueran uno. Con este ritual puedes comenzar la unión de los cuerpos físicos. Después se conectan completamente los cuerpos etéricos y se convierten en una mente, luego en no-mente y posteriormente, en mente universal.

En la experiencia mística sabemos que somos uno, una gota del Océano Cósmico. Es únicamente nuestro "ego" lo que nos hace sentir separados. Ego, el sentido de ser "yo" como algo aparte del "tú", es el verdadero obstáculo para experimentar plenamente el amor. Cuanto más sólido sea el ego, más difícil será unirse. Estamos muy apegados a nuestra separatividad. Nos encanta compararnos con otras personas, juzgar y criticar a los demás, manipular y competir con otros, culpar a los demás por nuestros problemas. Todos estos juegos deben ser sacrificados para lograr la experiencia mística, para que, en unión, nadie esté ahí. El ego debe morir para que así tú puedas renacer en la consciencia superior. El amor solo emerge del vacío, donde no hay un "yo" ni un "otro".

El objetivo principal del *Tantra* es equilibrar las polaridades. Has aprendido técnicas para equilibrar la energía masculina y femenina dentro de tu propio cuerpo/mente (cuando *Idá* y *Pingalá* están en perfecto equilibrio, la *Kundalini* se precipita hacia *Sushumná*). Cuando participas en la unión sexual con tu pareja, creas un circuito de energía en el que se complementan las polaridades en el complejo cuerpo/mente del otro. Por lo general, las mujeres son energía lunar, magnética y atraen hacia ellas los impulsos solares, eléctricos de los hombres. Juntos logran un equilibrio perfecto.

Cuando se reúnen conscientemente, como una pareja haciendo el amor, cambian las polaridades. Ella ya no es una mujer típica y él ya no es un típico hombre. A medida que él se hace más pasivo, ella se vuelve más agresiva, *Shiva* se convierte en *Shakti* y *Shakti* se convierte en *Shiva*. Normalmente, en el *Tantra*, el hombre tiene muy poco movimiento. Es la mujer, Shakti, la que genera la energía.

Después de haber llevado a cabo los pasos del ritual y de haber estimulado y transmutado la energía sexual varias veces, la pareja se recuesta sin moverse durante unos treinta minutos. La culminación del ritual ocurre en la etapa de resolución. Sus mentes se aquietan, las estructuras de su ego desaparecen y *Shiva* y *Shakti* se disuelven en la unión mística entre sí y con el Cosmos.

PREPARÁNDOSE PARA EL RITUAL

Preparen un templo, un lugar especial reservado solo para llevar a cabo el ritual. Cuando meditan en el mismo lugar por un período de tiempo, producen un campo de energía. Después de haber llevado a cabo el ritual un par de veces y solo por estar en ese escenario, se iniciará el fluir de los jugos. Utilicen siempre el mismo incienso: solo sándalo, almizcle (musk) o pachulí (patchouli). La iluminación debe ser tenue y de color rojo, ámbar o violeta. Debe haber buena circulación de aire, una temperatura agradable y dos cojines, un altar con dos velas rojas, un jarrón de rosas, imágenes de los maestros espirituales con los cuales sientan conexión y otras imágenes que evoquen un estado de ánimo espiritual. Si les es posible, incluyan una campana ritual, un dorje o cuencos tibetanos, pues son adiciones elegantes, así como las esculturas de varias deidades simbólicas, si eso tiene significado para ustedes. Reserven varias horas en las cuales no vayan a ser interrumpidos, todo el día, si es posible.

Preparen una comida ritual. En una bandeja atractiva, sirvan porciones de carne y pescado cocidos, galletas del tamaño de un bocado, una jarra de vino con dos copas pequeñas y semillas de cardamomo. Déjenla cerca de los cojines en los que se van a sentar.

Preparen su cuerpo para un torrente de energía que puede llegar a sobrepasarlos. Suponemos que han estado haciendo los Isométricos *Rishi*, el pranayama de los *Nadi Kriyas*, las meditaciones *Yantra/Mantra*, utilizando los *Bandhas*, *Mudras*, *Hong-Sau* y la Respiración Transmutadora durante varios meses. El día de hoy, hagan una *Sadhana* intencional en pareja.

A continuación, tomen un baño de agua caliente para limpiar a fondo sus cuerpos. Pueden bañarse juntos si su bañera es suficientemente grande. Si tienen acceso a un jacuzzi que se encuentre cerca de una piscina de agua fría, pueden producir una poderosa carga de energía. Sumérjanse en el agua caliente y luego vayan de inmediato al frío. ¡Cuando se aproximen a su pareja las chispas realmente volarán!

Tómense el tiempo para darse un masaje de cuerpo entero sin prisas. Utilicen aceites perfumados, reservando un olor particular para el ritual *Maithuna*, que despertará su pasión en rituales posteriores. Los hombres pueden utilizar almizcle y las mujeres pachulí, ya que estas son las fragancias más eróticas y evocadoras de las secreciones sexuales.

Vístanse con fibras naturales, pues las sintéticas afectan el flujo de la energía. La mujer debe usar una túnica del color del hibisco, la flor simbólica del *Tantra*.

En el arte *tántrico*, los amantes utilizan una gran cantidad de joyas, lo cual cumple dos propósitos: primero, vestirse con un atuendo suntuoso inspira una actitud de adoración y los aparta de sus roles cotidianos; segundo, la vibración de los metales puros y de las piedras se puede utilizar para amplificar la energía. La energía solar pasa a través del oro puro y la energía lunar está asociada con la plata. Así, al entremezclar los dos, se equilibra la energía. El cobre representa la tierra. Los tres metales juntos producen triángulos de energía. Utilizados como brazaletes, ayudan a activar las cinco energías pránicas que están dentro del cuerpo. La mujer debe utilizar un anillo en el dedo meñique o en el dedo pequeño del pie, ya que está conectado directamente con su clítoris.

El ritual de la arena es una forma de crear una barrera protectora alrededor del templo ritual, tradicional en la India. Entonando el mantra *OM SHIVA HUM*, *Shiva* espolvorea un anillo de arena para sellar el área, contener las energías y alejar las energías extrañas. Si te sientes más cómodo preparando una pared de luz blanca, cumplirá el mismo propósito. Debes sentir que este es un espacio seguro, ya que en el ritual *Maithuna*, estás totalmente abierto a tu *karma*. A medida que los circuitos comienzan a moverse, ambas psiquis se abrirán simultáneamente. Cuando él haya terminado, se sentará en meditación esperando la entrada de *Shakti*.

LLEVANDO A CABO EL RITUAL

Conviértanse en *Shiva* y *Shakti*. Ella entra muy lenta y majestuosamente. Mientras sus ojos se encuentran, cada uno reconoce la divinidad del otro. Durante el ritual continúan viéndose, uno al otro, como la encarnación de los principios de *Shiva* y *Shakti* que residen dentro de ellos. Deben dejar de lado cualquier conflicto mundano que esté ocurriendo en la relación, pues pasarán tiempo no con la personalidad temporal de su pareja, sino con su esencia divina. Con el fin de reconocer la esencia en tu pareja, debes ser capaz de reconocerla en ti mismo.

Bailar y desvestirse. *Shakti* se mueve de manera seductora e hipnótica, permitiéndole a *Shiva* disfrutar de la belleza de su cuerpo y su esencia. Ella lo invita a bailar y muy lentamente, de manera provocativa, a quitarse las túnicas. Establezcan el tono erótico, siempre dentro del contexto de la consciencia espiritual.

Nadabrahma

1. Enciendan cuatro velas pequeñas y un poco de incienso de almizcle, pachulí o sándalo. Utilicen solamente estas fragancias con la técnica.
2. Siéntense uno frente al otro, desnudos, con las manos cruzadas, tomando las de su pareja.
3. Cúbranse completamente con una sábana.
4. Cierren sus ojos y hagan juntos un sonido vibrante ("hmm") durante 10 minutos. Después de uno o dos minutos, el sonido y la respiración se unificarán.
5. A medida que producen este sonido, sentirán que sus energías se fusionan.

Comida ritual. Cada elemento en este sacramento tiene un significado simbólico. Todos juntos representan el universo. Este ritual servía como terapia de choque para la gente de la India, porque se les obligaba a participar en cinco prácticas prohibidas: la unión sexual, comer carne, pescado, granos afrodisíacos y tomar vino. La carne representa el mundo animal del cual vinimos, así que, primero él le da un bocado de carne a ella, poniéndolo en su boca mientras entona el *mantra* "PAT". Esta es una técnica para infundir su energía en el bocado y en su cuerpo. Luego ella le da un bocado a él, utilizando el mismo *mantra*. Ambos toman solamente un sorbo de vino, símbolo de la sangre de la vida. Al participar en este ritual de "sangre" están combinando sus dos sistemas nerviosos. Tomado con moderación, el vino libera la inhibición y eleva la consciencia.

El pescado simboliza la energía sexual dentro de nuestros cuerpos, el elemento agua. Ambos se ofrecen un bocado utilizando el *mantra* y comparten otro sorbo de vino. Cada paso va seguido de una meditación. Deben ser conscientes de lo que están haciendo. A medida que ingieren cada sustancia, llenen su consciencia con ese sabor, para que cada bocado tenga un sabor divino para ustedes. El *Tantra* trabaja a través de los cinco sentidos y cada uno de ellos produce un pico de elevación explícita si se utiliza de forma consciente.

El grano simboliza la tierra. Ambos comen, beben un sorbo de vino y meditan. A continuación, abren una semilla de cardamomo. Sus dos mitades simbolizan las mitades masculina y femenina de un ser total, además endulza el aliento y los eleva de forma natural.

Transferencia de energía *tántrica*

Shiva proyecta su energía dentro de *Shakti* y luego ella proyecta su energía dentro de él, para alcanzar el equilibrio. Ambos utilizan palabras de poder para invocar la consciencia *Shiva* y hacer que se manifieste.

1. Siéntense en postura fácil, desnudos, tocándose las rodillas.
2. Visualicen un círculo dorado de luz del tamaño del dedo pulgar y el dedo índice unidos. Dentro de ese círculo pongan un punto rojo brillante (*Bindu*).

En los pasos siguientes, para ayudar a la concentración, deben ungir cada parte del cuerpo con una gota de aceite mientras cantan el *mantra*. *Shiva* (hombre) deberá ungirse primero, para que a continuación, *Shakti* (mujer) lo haga.

3. Toquen el Tercer Ojo y proyecten la imagen del círculo hacia su pareja mientras cantan mentalmente *OM-SHIVA-HUM*.
4. Toquen el lóbulo de la oreja izquierda. Canten *OM-SHIVA-HUM* (para activar *Idá*).
5. Toquen el lóbulo de la oreja derecha. Canten *OM-SHIVA-HUM* (para activar *Pingalá*).
6. Toquen el pezón izquierdo. Canten *OM-SHIVA-HUM*.
7. Toquen el pezón derecho. Canten *OM-SHIVA-HUM*.
8. Toquen el ombligo. Canten *OM-SHIVA-HUM*.
9. Toquen el clítoris (o el pene). Canten *OM-SHIVA-HUM*. Honren el Divino *Yoni* o el Shiva *Lingam*.

Cuando terminen, acuéstense juntos (*Shakti* arriba) y sientan la energía que los conecta.

Juego amoroso

Ahora piérdanse en el juego amoroso, en el masaje erótico, tocando, besando, succionando, estimulándose de la forma en la que más lo disfruten. Dejen que esto continúe durante media hora o hasta que ambos estén excitados. No se permitan llegar al clímax, simplemente dejen que la energía se acumule y luego transmútenla en todo el cuerpo.

El beso sagrado

Cuando estén listos para que ocurra la unión, honren el carácter sagrado de la sexualidad del otro. *Shiva* se inclina ante *Shakti*, besa sus pies y luego su vulva, el portal al *Yoni* Cósmico. *Shakti* se inclina ante *Shiva* y besa el *Shivalingam* hasta que esté totalmente erecto.

Al hacer la posición clásica *Yab-Yum*, él desliza su *lingam* suave y profundamente dentro de ella, mientras su *Yoni* palpita en señal de bienvenida. Creen un ritmo de penetración muy lento.

Continúen hasta que estén muy cerca del clímax. Luego hagan el Beso *tántrico* para sincronizar ambos hemisferios cerebrales y volverse uno en esencia.

El beso *tántrico*

1. Sentados en unión, en posición *Yab-Yum*, hagan *Khechari Mudra*, inhalando profundamente por la boca.
2. Hagan el bloqueo de la barbilla para detener suavemente el paso de la energía y toquen sus frentes. Enfoquen su atención en el Tercer Ojo.
3. Contraigan tres veces el ano.
4. Siéntense, tomen aire por la nariz y llévenlo a *Ajna*.
5. Exhalen cantando "I-A-O" a medida que la energía se mueva hacia abajo.

El beso *tántrico* produce una experiencia psíquica, una luz azul o blanca. Al exhalar, sentirán una oleada de energía bajando por la columna vertebral que va a equilibrar las energías solar y lunar, neutralizando las polaridades, para hacer posible la fusión con la Unidad Universal Suprema.

Maithuna Tantra

1. Sintonizándose el uno con el otro a niveles cada vez más sutiles, la Pareja Sagrada, estará lista ahora para comenzar el proceso final.
2. *Shakti* se acuesta boca arriba y *Shiva* se acuesta sobre su lado izquierdo, cerca de ella.
3. Ella pone su pierna izquierda entre las piernas de él y su pierna derecha sobre la cadera de él, en una posición cómoda de tijeras.
4. Él inserta su *lingam* en el *yoni* de ella.
5. No hay más movimiento físico, solo meditación.
6. La respiración de ambos adquiere su propio ritmo.
7. Cada uno visualiza un disco de luz que abarca los genitales de ambos.
8. Con sus dos mentes trabajando como si fuesen una, comienzan la Respiración Cobra.

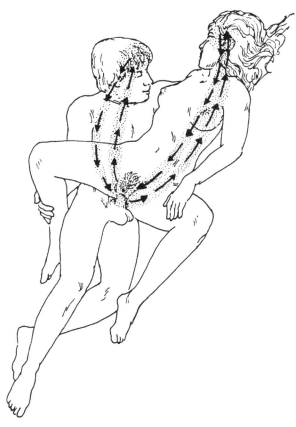

Mientras Shiva exhala profundamente, imagina que está impulsando la energía de la luz desde su centro sexual a través del cuerpo de Shakti hasta la coronilla de su cabeza.

Al mismo tiempo, Shakti inhala profundamente, imaginando que está impulsando la energía desde su centro sexual hasta su chakra corona.

Shiva inhala, halando de vuelta la energía proveniente de la coronilla de su pareja a través de su centro sexual, para llevarla al centro sexual de él y todo el camino hasta su coronilla.

Shakti exhala e imagina la energía fluyendo desde la coronilla de su cabeza a través de los centros sexuales de ambos, hasta la coronilla de él.

Uno inhala y el otro exhala a medida que la energía fluye entre ellos durante varios minutos.

Ahora ambos relajan la visualización y se sintonizan con las sensaciones de su cuerpo. Si la energía fluye libremente, las oleadas de placer orgásmico recorrerán sus cuerpos.

Entran en estado meditativo y continúan durante treinta a treinta y cinco minutos.

En ese momento se produce una transformación en su sistema nervioso.

Hay un destello cegador de consciencia cuando la energía de Shakti infunde la consciencia de Shiva.

Ellos se convierten en uno solo durante un momento más allá del tiempo, en el eterno ahora, más allá de los sentidos y de la mente, absortos en la Verdad infinita que sobrepasa todo entendimiento, donde ya no hay amantes, donde solo hay amor.

CONCLUSIÓN

En este curso has aprendido algunos de los "secretos" básicos del *Tantra Kriya Yoga*, acerca de los centros de energía en nuestros cuerpos y las energías que existen dentro y fuera de nosotros que están disponibles para nuestro uso. Ahora tienes suficiente conocimiento acerca de este sistema para utilizarlo en tu vida diaria.

Por medio de la utilización de las técnicas del *Tantra Kriya Yoga* también puedes desarrollar poderes de sanación, habilidades psíquicas y otros fenómenos atribuidos a los *yoguis*. La única limitación es tu compromiso con la práctica.

En la orden de *Saraswati* honramos a esta diosa del aprendizaje, las artes, la música y la prosperidad. Nosotros enseñamos técnicas que traerán consigo una creatividad que nunca habías creído posible. La transmutación de la energía sexual a través de la Respiración Cobra estimula el lóbulo frontal del cerebro, donde comienza la creatividad. De repente nuestros estudiantes se ven a sí mismos escribiendo música y poesía, ansiosos por pintar y emprender nuevas aventuras.

La máxima ganancia que puedes obtener con estas técnicas es la capacidad de fluir con la corriente universal de la vida y relajarte ante la adversidad de modo que puedas asumir los desafíos sin dificultad y con calma, y recibir una comprensión interna de las leyes de la existencia. Entonces, puede que no solo entres en sintonía con los misterios de la vida, sino que también te conectes con ellos de una manera consciente y te conviertas en una parte funcional del todo, en lugar de sentir que estás siendo sacudido por la agonía fatídica de la vida.

Tú puedes ser tu propio vidente, tu propio sanador, tu propio asesor psicológico. Donde posiblemente hayas encontrado antes solo dolor o decepción en tus relaciones, realmente podrás desarrollar la habilidad de "vivir y dejar vivir" para así comprender dónde encajan los demás en el esquema de las cosas y permitir que las cosas sean como son.

Cuando eres capaz de fluir con la vida, también la vida fluirá contigo. Los éxitos vendrán más fácilmente, los fracasos ya no serán tan devastadores como alguna vez lo fueron. El fracaso vendrá con mucha menos frecuencia porque tendrás las herramientas que te permitirán ver con más claridad dónde están los escollos en esta vida y dónde aparecerán los arco iris.

Glosario

AGNI: Dios del fuego en el panteón hindú.

AJNA: Sexto *chakra*, conocido como el Tercer Ojo. Este centro representa la objetividad.

ANAHATA: Cuarto *chakra*, localizado en el corazón, centro de la devoción.

APANA: Aspecto excretor de los cinco *pranas*.

ASANA: Postura física en *Hatha Yoga*.

ATMAN: La esencia de la perfección, escondida dentro de todas las criaturas.

BANDHA: Bloqueo muscular.

BIJA: Semilla o sonidos raíz.

BINDU: Estado de consciencia en equilibrio; el *chakra* de la luna; el punto de la coronilla de la cabeza por donde el alma entra y sale del cuerpo; el centro de la tarjeta del *yantra*; una gota de semen.

CHAKRA: Literalmente, "rueda". Estos son centros astrales, no físicos, centros vitales en el cuerpo, que están localizados en posiciones correspondientes a las glándulas endocrinas del cuerpo y a lo largo de la columna vertebral.

GURÚ: Disipador de la ignorancia. Un maestro.

GYANA MUDRA: Símbolo de sabiduría. Posición de las manos con la punta de los dedos índices o de los pulgares tocándose.

HAMSA: El cisne, un símbolo de la liberación espiritual.

HONG-SAU: "Yo soy él".

HATHA: Se deriva del sánscrito "ha", que significa sol, y "tha", que significa luna, unidos. Simboliza el alma y el cuerpo del ser humano.

IDÁ: La mano izquierda o el polo negativo de los tres *nadis* principales, en línea paralela, de lado, a lo largo de *Sushumná*, dentro de la columna vertebral y opuesto a *Pingalá*.

JALANDHARA BANDHA: El bloqueo de la barbilla.

KHECHARI MUDRA: Postura en la cual la lengua está doblada hacia la garganta con el fin de bloquear los orificios de las fosas nasales, la faringe y la tráquea.

KRIYA: Proceso de limpieza interna, acción.

KUNDALINI: Energía cósmica que activa la consciencia.

LINGAM: El órgano sexual masculino.

MAHA: Gran, grande.

MAITHUNA: Unión sexual.

MANIPURA: Tercer *chakra*, localizado en el plexo solar. Este centro representa el poder.

MANTRA: Una palabra utilizada para su efecto vibratorio en el ser humano.

MAYA: Ilusión.

MEDULLA OBLONGATA (BULBO RAQUÍDEO): El área en el cuerpo localizada en la parte superior del cuello, donde se encuentran la médula espinal y el cerebro.

MUDRA: Posición adoptada por los dedos o las extremidades, que se utiliza para activar o conectar las corrientes eléctricas en el cuerpo.

MULADHARA: Primer *chakra*, situado en la base de la columna vertebral. Este centro representa el impulso de supervivencia.

NADIS: Canales astrales que corresponden a los nervios del cuerpo.

NIRVANA: Extinción de la voluntad propia.

PINGALÁ: La mano derecha o el polo positivo de los tres *nadis* principales.

PRANA: Energía vital del universo que el cuerpo absorbe del aire y de los alimentos naturales. La fuerza vital de un ser humano.

PRANAYAMA: Ejercicio *yóguico* de control de la energía.

SAHASRARA: Séptimo *chakra*, ubicado en la parte superior de la cabeza. Este es el loto de los mil pétalos que representa la consciencia cósmica.

SAMADHI: Estado de meditación profunda.

SAMARASA: Estado de supraconsciencia, también llamado Consciencia Cósmica.

SAMSKARA: Impresión mental profunda, producida por experiencias pasadas.

SHAKTI: Aspecto femenino de la *Kundalini*, energía cinética.

SHIVA: Aspecto masculino de la *Kundalini*, energía estática.

SIDDHI: Poder paranormal.

SUSHUMNÁ: Polo central de los *nadis* principales, el polo de la iluminación. Corresponde a la médula espinal dentro de la columna vertebral.

SUTRA: Libro compuesto por pensamientos breves.

SVADHISTHANA: Segundo *chakra*, localizado en la zona genital. Este es el centro que representa la excitación y la energía sexual.

UDDIYANA BANDHA: Bloqueo abdominal.

VASANA: Hábitos, deseos y tendencias.

VISHUDDHA: Quinto *chakra*, localizado en la garganta. Este centro representa la creatividad y la comunicación.

YANTRA: Representación visual de las frecuencias vibratorias.

YOGA: Uncir (atar o fijar) la unión.

YONI: El órgano sexual femenino.

YUGA: Edad o época. Estamos en la era de *Kali Yuga*.

Acerca de los autores

SUNYATA SARAWATI ha estudiado y practicado las cuatro escuelas del *Tantra* durante más de cuarenta años con maestros de India, Nepal, China, Perú, Egipto y Europa. Ha profundizado en las artes marciales internas, así como en diversos sistemas de ejercicios y modalidades de sanación. Probablemente no haya ningún aspecto de la teoría y práctica esotéricas que él no haya explorado. Ha continuado sus estudios hasta el punto de que los profesores en muchas disciplinas lo han autorizado para enseñar.

Sunyata ha sintetizado la esencia de estas diversas escuelas, creando un sistema práctico de desarrollo físico, mental y espiritual. Empleando algunas de las técnicas más poderosas conocidas por la humanidad, sus estudiantes experimentan un rápido progreso.

Su apariencia juvenil desmiente sus años, demostrando el efecto rejuvenecedor que sus enseñanzas tienen sobre el cuerpo, la mente y el espíritu.

Sunyata es un artista talentoso especializado en pinturas que reflejan las dimensiones cósmicas que enseña. Fue fundador y director del Instituto de investigación en rejuvenecimiento en Phoenix, Arizona; del Centro de Investigación *Beyond, Beyond New Age* en Hollywood, California; de la Sociedad *Tantra Kriya Jyoti* en Los Ángeles, California; y del Instituto *Kriya* de Ciencias *Tántricas* en Sedona, Arizona. Retirado del *Tantra*, actualmente enseña y escribe sobre las artes curativas de China y el Tíbet desde su casa en Florida.

BODHI AVINASHA ha sido toda su vida una buscadora espiritual y una estudiante, habiendo experimentado una amplia gama de ofertas de desarrollo humano en el mundo occidental. Como *sannyasin*, con Bhagwan Shree Rajneesh, un destacado maestro *tántrico*, ella vivió una metamorfosis mientras se entrenaba en la mezcla única de psicología y misticismo del maestro.

Es la fundadora de *Ipsalu Tantra International*. Ha enseñado *Tantra* desde 1986, recorriendo los Estados Unidos, Canadá, Australia, Nueva Zelanda, Inglaterra, Alemania, Hungría, Yugoslavia, Austria, Francia, Suiza y Bulgaria, tocando miles de vidas.

Durante muchos años, Bodhi facilitó talleres de extraordinaria profundidad y transformación. Es experta llevando a las personas hacia un descubrimiento experiencial de estados superiores que quizás no conocían antes. Ella tiene una presencia sólida y enraizada que va directo al núcleo, con intuición, sabiduría, humor y compasión.

Por ser una consumada pianista clásica y directora coral, ella accede a la potencia del sonido en los *mantras*, las canciones y la danza.

Ya retirada de la enseñanza, Bodhi ha preparado maestros talentosos para que continúen ofreciendo retiros y cursos en diversos lugares alrededor del mundo. Para conocer el calendario de actividades, visita la página de ITI (*Ipsalu Tantra International*).

IPSALU TANTRA INTERNATIONAL
www.ipsalutantra.org

Prácticas *tántricas*
por capítulo

LECCIÓN 12.
EL SAGRADO RITUAL MAITHUNA

Índice de técnicas

ÍNDICE DE TÉCNICAS

La Comunidad Ipsalu Tantra International

Este trabajo está respaldado por *Ipsalu Tantra International*, una organización sin ánimo de lucro dedicada a la transformación de la vida de las personas que ofrece al mundo la posibilidad real de vivir en el éxtasis. Para lograr esto, ITI (*Ipsalu Tantra International*) pone a disposición el sistema integral *Ipsalu Tantra Kriya Yoga*:

- **Una tecnología:** herramientas poderosas para reorganizar las energías sutiles que determinan nuestra salud, bienestar y nivel de consciencia.
- **Un paradigma:** una manera de ver la vida que permite que haya cambios dramáticos.
- **Materiales** para apoyar el proceso rápido de despertar.
- **Cursos que alteran la vida:** ofrece cuatro niveles de desarrollo espiritual y cursos adicionales para parejas, grupos especiales, materiales relacionados, etc.
- **Un sistema de apoyo** para guiar a la gente a través del proceso.
- **Comunidades en varias ciudades:** personas nuevas que se unen cada año. La gente puede reunirse allí para crear y compartir un espacio mágico.
- **Entrenamiento de facilitadores** para aquellos que van a liderar grupos y **Éxtasis al servicio** para quienes quieran profundizar más en su proceso y servir de una manera diferente a ser facilitador.
- *Multi-University*/**Festival semestral** para profundizar en las prácticas, aprender más sobre temas relacionados y celebrar en compañía de almas afines.

Ipsalu Tantra International ha sido bendecida con esfuerzos voluntarios de parte de muchas personas talentosas y con las donaciones de aquellos que desean dar apoyo financiero. La oportunidad continúa para cualquier persona que esté inclinada a contribuir con el crecimiento de este trabajo.

Para obtener más información acerca de las actividades programadas o los materiales disponibles, ponte en contacto con:

IPSALU TANTRA INTERNATIONAL
www.ipsalutantra.org
info@ipsalutantra.org

Printed in the USA
CPSIA information can be obtained
at www.ICGtesting.com
LVHW051941080924
790210LV00020B/339